-김묘진 수필집-

밥 한 술 걸쳐 놓고

김묘진 수필집-

밥 한 술 걸쳐 놓고

김묘진 지음

이담
Books

책을 낼 때마다 망설여지는 이 버릇은 언제쯤이나 고쳐질까.

원고가 제법 모여서 내겠다고 생각한 지가 일 년여가 지났건만 아직도 망설이는 마음은 가시지 않는다. 일 년 전에는 '천천히 잘 고쳐서 내면 되지.' 하고 생각했었는데 마음먹은 대로 고친 것도 없고 나아진 것도 없다.

이래서 글쓰기는 평생을 두고 나의 딜레마이다. 헤어지려야 헤어질 수 없는 연인처럼, 그렇다고 찰싹 붙어살기에도 버거운 연인처럼 늘 짝사랑이다.

누가 시키지도 않은 일을, 그렇다고 대가가 주어지는 것도 아닌데 스스로 고통을 자처하며 그 길을 애면글면 가는 사람들, 그러나 그 길이 기쁨이 되기도 하는 사람들, 그들을 우리는 문인이라 부른다.

나 역시 언제부터인가 사람들에게 문인이라 불린다. 나는 이 말이 늘 부끄러웠다. 그 이유를 생각해 보면 아직은 글이 부족하다는 뜻일게다. 작가라는 호칭에 자신감을 가질 수 있는 때는 언제쯤일까.

첫 번째 작품집 서문에서, 깨어 있는 눈으로 세상을 지켜 보고 싶다고 했는데 그 말에 얼마나 충실했을까를 돌이켜보면 이 또한 부끄럽다.

세 번째 작품집을 엮는다. 새로 책을 낸다는 것은 그동안 잠자고 있던 나의 원고를 들들 깨워서 생명을 불어넣는 것이며 다시 매만지고 단장시켜 세상에 내보내는 일이 아닐까. 분신 같은 나의 글들이 독자들의 사랑을 받았으면 하는 것이 이즈음 소망이다.

책을 내기 위해 도와준 인천광역시 남동구 문화예술과 직원 여러분과 부족한 글을 위해 애써 준 한국학술정보(주) 관계자 여러분에게도 고마운 마음을 전한다.

2008년 12월
김 묘 진

| 목차 |

봄을 맞이하며

봄기운이 온 누리를 덮고 있다. 까르르 웃어젖히는 어린아이의 웃음 속에서, 초롱한 눈빛에서 봄이 묻어 나온다. 아직은 외롭게 서있는 앙상한 나무도 지난겨울의 고통을 잊고 봄의 향연에 초대되리라.

화원에서 사 온 진달래가 하나 둘 다투어 피기 시작하는 것으로 봄은 나의 곁으로 다가왔다. 흡사 마음을 열어 주듯 피어난 꽃들은 방안을 온통 봄빛으로 물들이며 식구의 사랑을 받았다.

봄에 피는 꽃 중에서 진달래는 봄을 대표할 수 있을 만큼 화사하지만 목련꽃도 그 기품에 있어서 으뜸이다. 내가 처음 목련을 본 것은 중학교에 입학하고서였다. 그때는 목련이 어디서나 볼 수 있는 흔한 꽃나무가 아니었다. 희고 커다란 꽃송이는 탐스러우면서도 선비의 기개처럼 지조가 있어 보였다.

'저렇게 아름다운 꽃이 있다니.' 나는 마치 천상의 꽃을 보듯 가슴을 두근거렸다. 아이들도 나와 함께 탄성을 자아냈다.

"저 꽃은 십 년 만에 한 송이밖에 꽃을 만들지 않는데."

친구 중 누군가가 그런 말을 했다. 나는 그 귀하고 아름다운 꽃송이를 눈부시게 바라보았다. 그 말이 진실인지를 확인하기도 전에 고개부터 끄덕였다. 저렇게 아름다운 꽃이야말로 그럴 만하다고 생각했기 때문이었다.

처음 목련을 보았을 때의 감동이 컸기 때문일까? 나는 아직도 목련이 신비스러운 꽃이라는 걸 믿고 싶어 한다.

찬 기운이 목을 움츠리게 할 초봄, 목련은 단단한 꽃눈을 조금 부풀리기 시작한다. 그러나 목련은 절대로 성급하게 꽃 피우지 않았다.

그런 꽃들의 만개를 기다리며 기대에 부풀곤 했다. 내가 안달이 날 즈음 단단하던 봉우리는 살며시 흰 꽃잎 한 장을 내어놓는다. 그러다가 또 한 잎, 또 한 잎, 마침내 커다란 송이들은 나무 이곳저곳에 매달려 고고하게 나를 내려다보고는 했다.

"목련꽃 그늘 아래서 베르테르의 편지를 읽노라."

교정 앞 목련나무 아래서 나는 이 노래를 곧잘 흥얼거리곤 했다. 노랫말처럼 목련은 낭만의 꽃이기도 했다.

그러나 요즈음 피는 목련은 어느 곳에서나 흔히 피는 꽃이다. 언제인가 지나던 길에서 문득 바라보니 뉘 집 담장 안에서 목련이 무더기로 활짝 피어 있었다.

마치 산발한 아낙처럼 흐드러진 모습은 예전에 내가 본 목련이 아니었다. 희소가치가 약해져서 헤프게 보일 수도 있지만 품종이 다른 것인지 아무튼 예전의 모양새와는 사뭇 달라 보였다. 달라진 건 목련만이 아니다. 계절도 예전 같지 않다. 겨울이 지나고 봄이 왔는가 하면 갑자기 여름이 들이닥친다. 현대인의 급한 성미 못지않게 계절 또한 숨 가쁘다.

과학적 근거로는 지구 온난화 현상으로 평균 기온이 상승했다고 한다. 한 보고서에 따르면 한반도는 2060년이 되면 봄과 가을이 사라질 것이라고 한다. 아열대 기후로 바뀌게 된다고 예상한다.

그런 일들의 전조처럼 성급한 봄은 우리의 기대가 부풀기 전에 지나는 것만 같다. 급하게 지나는 계절 탓에 꽃들도 숨 가쁘게 피었다 지고 마는 것일까.

봄이 없는 계절, 그건 너무 싫다. 마치 설렘 없는 첫사랑과 같다. 메마른 겨울이 지나고 날씨가 따뜻해지는 봄은 사랑을 예감하는 계절이다. 사랑이 시작되면 가슴이 두근거리고 설레어지고, 꽃샘바람이 불듯 마음이 아려 오고, 그런 과정이 없는 사랑처럼 봄이 없는 절기란 얼마나 삭막할 것인가. 설령 지구온난화로 인해 봄이 오지 않는다 할지라도 마음의 봄마저 빼앗기지는 않을 것이다.

사람들의 마음은 봄의 예감으로 인해 설레고 있다. 마음은 온통 봄빛이다. 무심한 것처럼 보이는 앙상한 나뭇가지 끝에서, 창밖에서 떠드는 아이들 소리에서, 창가에 머무는 눈부신 햇살에서, 봄은 술래잡기하듯 들락거린다. 내 앞에 서 있는 봄의 숨결을 느낀다.

　시시각각 다가오는 봄.

유치처럼

햇빛이 밝게 비추는 창가에 바싹 다가앉아 입을 크게 벌리고 입안을 들여다보았다. 얼마 전부터 어금니 한쪽이 가끔씩 시큰거렸던 것이다. 혼자 거울을 돌려가며 이리저리 보아도 윗니라서 잘 볼 수 없었다.

"이것들이 나 모르게 썩어 가고 있는 것 아냐?" 하는 마음이 들었다. 나는 생각다 못해 집을 나섰다.

치과 치료실의 눈부시게 환한 불빛은 내 얼굴을 향해 쏟아지고 지레 겁먹은 나는 입을 따악 벌린 채 눈을 질끈 감았다. 치과의사는 내 입안을 이리저리 둘러보더니

"아무 이상 없는데요?"

한다.

"그럴 리가 없는데요. 얼마 전부터 어금니가 시큰거리는 것이 분명 뭔가 수상쩍은데?"

하며 의사를 올려다보았다. 의사는 웃으며

"하여간 그 이는 겉보기에는 아무 이상 없으니 뭐라 말할수 없네요. 그보다는 이거 말인데요……."

하면서 뾰족한 기구로 톡톡 두들기며 아랫니 한 개를 가리켰다. 의사가 지적한 아랫니는 내가 평소에도 괴이쩍게 여기는 이빨이었다. 아래 송곳니 다음에 있는 어금니인데 그 몰골이 희한했다. 다른 이빨에 비해 마치 반쯤 부러진 것처럼 길이도 짧고 크기도 작은데다가 빛깔도 누르팅팅한 게 한눈에도 정상이 아니었다.

"이거 왜 이런지 아세요?"

의사는 나를 향해 빙긋 웃는다.

"글쎄…… 그 이빨이 예전부터 별나게 못생겼다고 생각했어요. 아무 이상이 없긴 하지만……."

하면서 의사를 올려다보았다. 의사는 픽 웃으며

"이건 유치입니다."

한다. 네에? 나는 놀라워서 의사를 다시 쳐다보았다. 아니 유치라니. 그럼 젖니란 말인가. 그게 여태 안 빠졌으면 그럼 영구치는?

의사는 드물게 그런 예가 있다면서 유치가 안 빠지는 바람에 아마 영구치는 삭아 버렸을 거라고 한다. 그러더니 X 레이 촬영을 해 보자고 한다. 촬영 후 필름을 들여다보며 하는 말이 이 상태로 유치가 오래갈 것 같지 않으니 이번 참에 아예 뽑아 버리고 의치를 하는 것이 어떻겠느냐고 한다. 곰곰이 생각해 보니 그럴 필요가 있을까 싶었다. 여태도 잘 지내왔는데 뭐 하러 생으로 뽑을까 싶어 거절하고 집으로 돌아왔다. 집에서 다시 거울로 유치를 들여다보니 참 못생겼다. 다행히 남이 안 보이는 어금니이기에 다행이었다.

그 유치는 병신 이빨인 줄만 알고 있었는데 이제 보니 못된 이빨이었다. 적당한 때 빠져 버려야 하는데도 안 빠지고 앞날이 창창한 영구치가 날 자리를 제가 차지하고 있었으니 참 못된 이빨이었다. 그렇지만 생긴 것이 그렇다 해도 그 이빨 때문에 속 썩은 일은 없었다.

이도 잘 안 닦고 밤마다 질긴 오징어 씹기를 즐겨하는 못된 간식습관도 견디어 주었고 꼭 오도독뼈가 들은 질긴 고기를 좋아하는 취향도 다 받아들였던 이빨이었다. 그러니 못됐다고 타박할 일도 아니었지만 그렇다고 고마운 이도 아니었다.

그러고 나서 일 년 쯤 되던 때였다. 갑자기 그 이가 흔들거리는 것이다. 혀로 슬쩍슬쩍 건드려 보았더니 더 흔들린다. 그렇게 이는 혀의 시달림을 한나절 받아 내다가 다음날 아침에 아프지도 않고 쉽게 쑥 빠져 버린다. 빠진 이를 보았더니 기가 막혔다. 유치라서 이뿌리가 어찌나 짧은지 그간 50년 이상 버텨 온 세월이 신기할 지경이었다. 게다가 뿌리 부분이 썩어 가고 있었던 것이다. 이러니 쉽게 빠질 수밖에 없었을 거라고 혼자 혀를 찼다. 나는 그간에 못난 유치를 미워했음에도 애도의 마음이 들었다. 속담에 앓던 이 빠진 것처럼 시원하다던데 말썽 한번 부리지 않고 쉽게 빠져 준 이빨이어서 그랬을까. 나는 못내 아쉬워 손으로 자꾸만 빠진 이빨을 만지며 궁굴렸다.

문득, 인간도 이래야 하리. 이렇게 유치처럼 쉽게 가야 하리 하는 생각이 들었다. 제가 가야 할 때를 잊고 비록 늦게까지 버티었을망정 갈 때는 아주 쉽게, 아프지도 않고 툭 빠져 버린 이였다. 그 유치처럼 인간의 죽음도 죽기 전날까지도 싱싱하고 건강하게 생활하다 어느 날 동백꽃이 떨어지듯 툭 떨어져야 한다고 생각해 왔다.

선명한 붉은 빛으로 세상을 향해 사랑하다가 갈 때는 미련 없이 그 모습 그대로 떨어지고 마는 그 야무진 자태의 동백꽃처럼 말이다. 이런 바람은 나뿐만이 아니리라. 노인의 뻔한 거짓말이라는 "어서 죽어야지." 하는 타령도 "그저 앓지 말고 죽어야지." 하면서 부수적인 말을 빼놓지 않는다. 이 말은 동백꽃처럼 미련없이 죽고싶다는 바램이 아닐까. 나는 노인들의 그 말을 요즘 실감하고 있다.

친정 이모님 한 분은 작년에 뇌출혈로 쓰러지셨다. 연세가 일흔 다섯이었다. 병원으로 바로 실려 가 뇌수술을 받고 나서는 사람을 알아보지도 못하고 자기 힘으로는 아무것도 못하는 식물인간이 되셨다. 차라리 안 하느니만 못했던 수술이라고 입을 모았다. 수술하기 전까지는 이렇지 않았는데 수술 중에 어떻게 뇌를 건드렸기에 이 지경이 되었느냐고 혀들을 찼다. 그렇게 이 년째 투병 중이시다.

얼마 전 노인전문병원에 입원해 있는 이모를 찾았다. 이모는 6명이 같이 쓰는 병실에 있는데 모두 비슷한 처지의 노인들이다. 이모는 머리를 더벅머리로 짧게 깎긴 채 누워 계셨다. 목에는 구멍을 뚫어 가래를 뽑아내는 줄을 달고 배에도 역시 구멍을 내어 끼니때마다 유동식을 위장에 바로 넣는다.

이모의 멍한 눈을 들여다보다가 손목을 살며시 잡아 보았다. 그나마 무의식적으로 링거줄을 잡아 뺀다고 손조차 묶어 놓았다. "우리 이모 얼마나 괴로울까? 가래를 뽑아내는 일조차도 그렇게 죽을 것처럼 참기 힘들다는데 제대로 표현도 못하고 이게 뭐야."

비애감이 몰려온다. 나는 더듬더듬 이불 속에 손을 넣어 이모의 발을 주물러 본다. 발도 차디차다. 거동을 못한 지가 일 년이 넘어 발은 뒤틀려 있고 살도 근육도 만져지지 않고 뼈에 들씌워 놓은 듯한 가죽만 잡힌다. 건강할 적 그 좋았던 살집은 다 어디로 가고 앙상하기 짝이 없다. 작년보다 상태가 좋다는 것이 이 정도다. 이 상태로는 설령 신경이 회복된다 해도 근육이 굳어 버려 거동은 불가능할 것 같다.

이모는 평소 고혈압이 있었기에 내심 걱정이 많았었다. 그래서 당부하길 자기가 뇌출혈로 쓰러지거든 절대 수술하지 말라고 주위 사람들에게 입버릇처럼 말하곤 했다. 고생하느니 그냥 세상을 하직하고 말겠다는 생각이었다. 그러나 본인의 의지대로 되지 않았다. 정작 위험에 닥쳐서는 수술하도록 본인이 동의하였고 어머니의 죽음을 쉽게 받아들일 수 없었던 자식들의 생각대로 뇌수술을 하였다. 그 후 아예 죽을 수도 없는 식물인간이 되고 만 것이다.

옆 침대의 할머니가 코에 호수를 꽂은 채 그렁그렁 가래를 끓이고 있다. 앞 침대에 누워 있는 할아버지는 대변을 보았는지 알 수 없는 소리로 칭얼대는 바람에 간병인이 기저귀를 갈아주는 중이다. 이 병실에선 남자와 여자의 구별도 이미 무의미하다. 병실의 환자들은 모두 간병인의 도움이 없이는 단 하루도 살 수 없는 중증 환자들이다.

어차피 회생은 불가능하다. 시쳇말로 병원비만 나간다고, 병원만 좋은 일 시키는 짓이라고 한탄하지만 어찌하겠는가. 산목숨 끊을 수도 없으니…… 당사자들은 오죽이나 괴로울 것인가.

우리 이모는 스스로 밥이라도 먹을 수 있을 정도의 회생이 가능하기나 한 것일까? 화장실 정도라도 거동할 수 있는 환자들도 다 위대해 보이는 상황이다. 그리고 여동생의 불행을 한숨으로 지켜보는 친정어머니의 건강이 너무나도 고맙다.

태어나는 것도 마음대로 되지 않지만 죽는 것도 마음대로 할 수 없는 인간이 마음대로 할 수 있는 것이 대체 무엇인가.

어느 날 만개한 채로 툭 떨어져 버리는 붉은 동백꽃처럼 아름답게 죽을 수는 없을까. 마지막까지 아무렇지도 않다가 쑥 뽑혀 버린 내 유치처럼 그렇게 죽고 싶은 심정이라고 빠진 유치를 들여다보며 혼자서 중얼거린 말이었다.

밥 한술 걸쳐 놓고

결혼은 인류지대사라 했던가.

슬슬 혼기가 다 되어 가는 딸아이를 보는 내 마음은 그리 편치만은 않다. 요즘 젊은이들은 결혼도 잘 안 하려고 하고 자식도 안 낳으려 한단다. 예전처럼 데이트 한 번도 안 해 본 처녀가 순진하게 맞선만 보고 결혼하던 때와는 달라서 젊은이들을 출가시키기란 여간 까다롭지가 않단다.

막말로 눈에 뭐가 씌워서 본인이 결혼하려고 하지 않는 바에야 이제 시집 안 간 노처녀가 어느 집에서나 심심치 않게 골칫거리다. 내가 아는 선배님은 딸이 셋인데 나이가 사십이 넘도록 둘이나 시집을 안 갔다. 그 선배님은 자신이 무언가 잘못한 것만 같고 노심초사하느라 어지간히 마음고생이 심하다고 하신다.

나도 내심 걱정이다. 딸아이는 결혼이란 건 생각조차도 없단다. 결혼할 필요를 못 느끼겠단다. 하고 싶어도 자기 일과

병행할 수가 없을 뿐더러 마음에 드는 남자도 없단다. 이런 지경이니 나는 딸이 셋이나 되는데 요즘 세태에 편승하여 시집 안 가겠다고 하는 딸이라도 생길까 봐 미리미리 걱정부터 한다.

큰 딸아이는 대학 나와서 직장 좀 다니다가 자신을 위한 미래의 재투자라며 몇 푼 모아 놓은 돈을 가지고 어학공부하러 미국으로 훌쩍 날아가 버렸다. 그곳에서 공부하는 것 같더니 교포가 운영하는 회사에 취직을 해서 그냥 눌러앉았다. "너 언제 올래?" 하고 물으면 "나도 모르겠는데." 하면서 저를 기다리는 나를 외면한다. 거기서 마땅한 신랑감이나 생겼으면 좋겠다고 했더니 자기도 노력하는 중인데 잘 안 된다는 것이다. 그나마 다행인 게 둘째 아이는 남자 친구가 있는 눈치다. 나는 마치 어린아이 사탕발림으로 꼬이듯 은근슬쩍 부추긴다.

"일찍 결혼해서 아이 낳아 잘 기르는 것도 하나의 성취란다. 일찍 아기라도 낳으면 얼마나 이쁜 줄 아니 너? 그리고 난 순서대로 시집 안 보낼 거니까 널랑은 일찍 결혼해라. 응?"

둘째는 날 보더니 H(딸아이의 남자 친구)가 아직 학생인데 어떻게 하냐는 거다. 이제 겨우 졸업반이고 모아 놓은 돈도 없으니 무엇으로 결혼하냐고 투덜댄다. 나는 속으로 그래도 이 아이는 결혼할 생각은 있는 것 같아서 내심 좋으면서도 시치미를 뗀다.

"야, 둘이 서로 좋으면 까짓것 돈 없는 게 문제냐. 가진 것 없어도 사글세방이라도 얻고 솥단지 하나만 걸어 놓고 둘이 살아도 행복한 거다."

내 말에 갑자기 딸애가 깔깔거린다.

"아니, 엄마 가난해도 행복할 수 있다는 건 알겠는데 왜 하필 솥단지를 걸어 놔요?"

하고 묻는다. 나는 영문을 몰라 두 눈만 끔뻑끔뻑 대다가 한참 후에야 아이의 말을 알아들었다. 딸아이는 내 말을 이해 못 한 것이다, 예전엔 살림한다는 뜻을 "솥단지를 걸어 놓는다."로 표현하곤 했다. 아궁이나 풍로에 솥을 올려놓는 것을 그렇게 표현했던 것인데 그런 문화를 알 리가 없는 아이는 "솥단지를 건다."라는 말을 벽에 솥을 걸어놓는 것으로 이해한 것이다. 아무리 뜻을 모르기로서니 어떻게 벽에다 솥을 걸어놓는 것으로 상상한단 말인가.

아무튼 예전엔 생활이 몹시 어려워서 그런 말들을 하곤 했다. 사과궤짝으로 찬장을 대신하고 아궁이에 솥단지 하나 걸어 놓고 어렵게 살림을 시작한다는 것이다. 자초지종 설명을 들은 아이는 그제야 수긍한다.

나도 오래전 결혼했을 때에는 두어 평 남짓한 단칸방에 수도도 없는 어두침침한 부엌이 하나 딸린 셋방을 얻어 살림을 시작했었다. 솥단지 하나만 걸어 놓을 정도의 살림은 아니었지만 빈약한 살림임에는 틀림이 없었다. 게다가 단열이 안 된 옛집은 겨울이면 방안에 있는 걸레가 얼고 아침이면 코가 시리도록 추웠다. 그래서 남편 곁에 꼭 붙어 자곤 했다. 그나마 부엌은 더 춥고 빨래를 하려면 추운 겨울에도 바깥에서 빨아야 했다. 손도 시리고 울고 싶을 만큼 춥고 고통스러웠다.

결혼하기 전에는 언제 한번 집안일을 해 본 적이 있었던가? 그나마 살림이랍시고 처음 해 보는 것이어서 내게는 이만저만 힘든 일이 아니었다. 소꿉장난 같은 살림이라도 반찬 몇 가지 조몰락거려 세끼 식사 준비하고 빨래해 널고 하는 걸로 힘겹게 하루해가 다 갔다. 그런데도 남들은 그까짓 신접살림 뭐 할 게 있느냐고 얕잡아 볼 때마다 저리도 우습게 보는 신접살림을 난 왜 제대로 못하는 걸까 하고 주눅이 들곤 했다. 아무리 힘들어도 멋도 모르고 신랑이 좋아서 한 결혼생활이었으니 행복했던 것 같다.

아이는 아무것도 모아 놓은 것 없다고 또 투덜댄다. 그럴 수밖에…… 우리 애들은 역마살이라도 들렸는지 어학연수다 뭐다 하면서 툭하면 외국을 나갔다 와서 그나마 몇 푼 모아 놓기 무섭게 써 버리곤 했다. 생각 같아서는 "애야, 어렵더라도 부모들이 보태면 이럭저럭 살 수 있단다." 라고 말해 주고 싶지만 부모에게 의지하게 하고 싶지 않다는 내 이기심이 그런 말을 도사리게 한다. 그리고 평소에 내가 그런 말을 하지 않았던가. "니덜 알아서 해. 스스로 저축한 돈 없으

25

면 난 달랑 숟가락 몽둥이 두 개만 해 줄 거니까.' 이랬으니 어찌 한 입으로 두 말을 하겠는가.

내가 "야, 아무리 가난해도 자기 하기 나름인 거야. 물에 젖은 수건을 꼭 짰다고 생각해도 다시 비틀면 물이 나온단다. 절약이란 그런 거야. 내가 얼마를 버는 것도 중요하지만 어떻게 쓰느냐가 더 중요한 거라는 걸 사람들은 곧잘 잊어버리지. 한 푼을 벌더라도 저축이 중요한 거란다. 물론 못 벌면 쓰지 말아야 하는 게 당연한 거야. 어떻게 안 쓰냐고? 곰곰이 따져 보자. 하루 밥 세 끼 먹고 난 다음에 정말 필요해서 쓰는 것이 무엇인가를…… 괜히 벌지도 못하면서 친구들 인사치레 다 다니느라 몰려다니고, 영화구경하고, 스타벅스 가서 다리나 흔들고 앉아 있고 그러느라 카드빚 지는 거 아니겠어?"

뻔한 설교를 늘어놓았더니 딸은 인상을 쓰며

"엄마, 알았어. 알았다구요. 가진 거 없어도 밥 한술 걸쳐 놓고 그냥 살게." 한다.

"그건 무슨 소리야?" 내가 반문하자 딸은 키득거리며 "엄마가 지난번 나한테 그러라고 했잖아?" 한다.

이건 또 무슨 소리인가. "솥단지 걸어 놓고"라는 표현이 시간이 지나자 그건 잊어버리고 "밥 한술 걸쳐 놓고"로 둔갑한 것이다.

나는 딸과 하하 호호 웃으며 가난해도 "밥 한술 걸쳐 놓고" 살면 행복한 거라고 맞장구를 쳤다.

현대판 지킬 박사와 하이드

광우병 파동이 온 지구촌을 스산스럽게 한 적이 있었다. 그 후 여러 가지 방법을 동원해 그 병을 없애고자 했지만 아직도 광우병으로부터 자유롭지 못하다. 광우병이란 말 그대로 소가 미친병이다. 소의 뇌가 스펀지 같아지고 미친 듯이 포악해지고 중심을 못 잡고 비틀거리다가 죽는단다. 그런데 광우병에 걸린 소를 인간이 먹으면 인간도 그와 같은 병에 걸린다. 뿐만 아니라 수혈이나 수술기구 등을 통해서도 전염된다고 한다.

특이한 것은 광우병에 걸린 소는 아무리 가열해도 그 균이 없어지지 않는다고 한다. 생명이란 으레 열을 가하면 죽기 마련인데 아무리 열을 가해도 죽지 않는 균이 있다니……. 그건 균이 아니라 마치 신의 저주 같기만 하다.

우리는 공포영화를 즐겨 본다. 흔히 괴물이 등장하는데 그야말로 천하장사이며 무적이고 전천후이다. 괴물의 적은 불특정 다수이며 이유도 없고 원인도 없이 사람을 해치고 문명을 파괴한다. 그리고 아무리 해도 죽지 않는다. 총을 쏴도 소용없고 불속에서도 살아 나온다. 그리고는 더욱 큰 괴력을 과시한다. 우리는 그 영화를 보면서 공포에 사로잡히지만 현실적으로 가능하지가 않기 때문에 영화를 보고 있는 순간만 공포스럽게 느낀다.

그런데 광우병 파동을 지켜보면서 공포영화가 떠오르는 것은 왜일까. 그것이 현실로 나타났다는 느낌을 지울 수가 없다. 광우병에 걸린 소를 인간이 먹어 걸린다는 야콥병. 야콥병은 프리온이라는 물질이 일으키는 병인데 이 프리온을 연구하는 과학자들은 그저 놀라움을 금치 못한다. 프리온은 단백질과 비슷하다는 점에서 아주 희한한 물질이라는 것이다. 프리온 분자 하나가 아미노산 배열이 동일한 인체 내의 단백질을 만나면 그 단백질마저도 모양이 바뀌어 프리온으로 변한다는 것이다. 우리는 언제 그 병에 걸릴지 모를 위험에 놓여 있다고 할 수 있다. 더구나 최근에는 미국산 쇠고기 수입을 허용하는 바람에 그 위험은 더욱 높아지게 되었다.

그런데 광우병의 발병 원인이 식물성 동물인 소에게 동물성 사료나 뼈 등을 갈아 먹여서 걸린 병이라니 자연을 거스른 인류의 재앙이라 할 수 있다.

나는 오래전 괴이한 경험을 한 적이 있었다. 결혼한 지 얼마 되지 않아 처음으로 작은 아파트를 분양받았다. 그곳은 개발지여서 주위 환경이 매우 어수선한 곳이었다. 인근에는 공장지대가 있었고 매립지가 가까이 있었다. 바람 부는 날이면 매립지에서 풍기는 악취가 고약했고 인근 공장에서도 화학약품의 역겨운 냄새가 늘 끊이지 않았다.

그런데 동네에 모기와 파리가 이상하리만치 들끓었다. 방충망을 빈틈없이 설치하는 등 모기 파리가 집 안으로 들어오지 못하도록 최선을 다하는데도 어쩐 일인지 모기와 파리는 없어질 줄 몰랐다. 더구나 모기는 야들야들한 아기의 몸뚱이를 깨물어 놓아 아침이면 아이의 몸이 여기저기 물려 있어 속이 많이 상했다.

도대체 이놈의 파리와 모기는 어디로 들어오는 것일까. 나는 까닭을 알지 못했다. 아마도 밤에 식구가 들어오느라 현관문을 열 때에 같이 들어오는가 보다 하고 막연한 생각을 할 수밖에 없었다.

어느 날 이웃에 사는 아줌마가 신기한 이야기를 들려준다. 자기가 밤에 창문 앞에 있다가 이상한 광경을 목격했다는 것이다. 모기가 모기장을 뚫고 들어오더라는 것이다. 하도 신기하여 가만히 보고 있자니 마치 제트기처럼 퐁퐁 하고 뚫고 들어오더라는 것이다. 그때만 해도 방충망은 쇠로 된 것이 없었고 나일론 천으로 된 것을 쓸 때였다. 아무리 그렇기로서니 모기가 그 팽팽하고 질긴 나일론 방충망을 뚫고 들어오다니! 기가 막히기도 하고 공포스럽기 이를 데 없었다.

나는 그 이유를 곰곰이 생각해 보았다. 현대의 모기도 사람을 닮아 이악스러워진 것일까? 매립지 인근에는 물웅덩이가 꽤 있었다. 그런데 웅덩이가 보통 웅덩이가 아니었다. 부근에 화학공장에서 사용하고 버린 화학약품이 다량으로 섞여 있는 웅덩이였다. 코를 내두를 만큼 지독한 냄새가 났고 그 웅덩이에서는 생명이란 존재할 수 없을 것 같았다.

그런데 모기의 습성으로 보아 그 웅덩이에 알을 까지는 않았을까. 처음에는 살아날 수 없었겠지만 되풀이되는 과정에서 유전자 변이로 인해 어쩌다 한 놈이 살아났고, 번식을 했고, 살아남은 그놈은 강인하기가 이를 데 없어 생존전략에 있어서 탁월했을 것 같다. 그리하여 인근 주택가로 날아들어 모기장을 뚫을 만큼 강해졌을 것이다. 보통 물웅덩이에서 자란 모기라면 과연 모기장을 뚫을 수 있었을까. 이것 역시 인재(人災)인 것이다. 요즘에는 한술 더 떠 한겨울이 되었는데도 모기가 극성이다.

아무리 과학이 발달하고 의학이 발전하지만 역시 불치의 병은 존재한다. 중세시대에는 말라리아가 극성을 부려 전인구의 1/3이나 되는 인명을 앗아 갔던 적도 있었다. 현대에는 말라리아 정도는 아무런 문제가 되지 않지만 에이즈, 야콥병 같은 불치의 병이 속속 등장한다. 이런 병들의 특징은 자연을 거스른 대가라는 것이다. 현대에 자주 일어나는 기상이변도 인류가 만들어 낸 공해, 즉 지구 온난화에 의한 것이 아니던가.

과학이라 이름하는 인간의 잔꾀로 인해 우리가 지켜야 할 자연은 지킬 박사가 되어 가는 것만 같다. 멀쩡한 지성을 가진 지킬 박사가 어느 순간 하이드로 변모하는 것처럼 우리가 마음껏 누리는 착한 자연이 언제 하이드로 변모할지 모르는 시대에 살고 있는 것만 같다. 자연이 있는 그대로의 아름다움을 지킬 수 있도록 인간은 최선을 다해야 한다. 그것이 인류가 지구에서 언제까지나 행복하게 살 수 있는 방법인데 우리는 그 점을 망각한 채 무심하고 무신경하게 지나쳐 버리고 있는 것은 아닐까.

야콥병이나 에이즈 같은 병이 일부분의 사람들이 저지른 실수라 생각지 말자. 우리들이 소홀히 지나치는 무분별한 소비나 쉽게 지나치는 낭비가 대재앙을 불러올 수도 있음을 잊지 말아야 하지 않을까. 지금 우리는 살얼음판을 걷고 있는 것일지도 모를 일이다.

가구 바꾸기

식탁이 낡았다. 오래전에 들여온 대리석 식탁이다. 나는 식탁 표면을 만져 보다가 가벼운 후회를 했다. 유리를 씌워 사용했더라면 이렇지 않았을 텐데 하는 생각이 들었다. 반들반들한 표면이 좋아서 유리를 씌우지 않고 사용한 탓에 윤기가 많이 사라졌다. 의자도 비닐이 벗겨진 걸 그냥 사용했더니 천의 가장자리가 날깃날깃 닳아 있다. 마치 살림에 찌들며 늙어 가는 중년 여인을 보는 느낌이다. 영 신경이 쓰여서 언젠가 새것으로 바꾸어야겠다고 생각했다.

시장에 나간 김에 가구점에 들렀다. 새 식탁을 보니 마음에 드는 게 한두 가지가 아니다. 그중에 내 마음을 가장 사로잡은 것은 원목에 조각을 멋지게 새겨 넣고 의자에 가죽을 씌운 식탁 세트였다. 값을 물어보니 상당한 고가였다.

중후한 디자인의 원목 식탁은 중년세대인 우리에게 어울

릴 것 같았다. 저걸 사면 아마도 내 생애에 다시는 식탁 살 일이 없을 것이다. 그래, 저걸로 바꾸자. 이미 구식이 되어 버린 지금의 식탁을 치우고 저걸로 사자. 그러나 나는 선뜻 계약을 하지 않고 망설였다. 그리고 혼자 중얼거렸다. 그래도 혼자 결정할 순 없지. 집에 가서 가족들에게 동의를 구한 다음 구입하리라.

저녁에 식구들에게 의향을 물었다. 좋아할 줄 알았던 아이들이 뜻밖에도 "엄마. 그런 노티 나는 원목가구에 가죽의자가 좋아요? 우리는 별로인데. 오히려 지금 식탁이 더 나을 것 같은데?" 한다.

남편마저도 "이 식탁이 어때서? 고쳐서 쓰면 되잖아. 정 못하면 의자 천을 갈아 주는 데가 있어. 그곳에 부탁해서 갈아 달라고 해. 뭐 몇 푼 들겠어?" 한다.

남편이야 워낙 인테리어에는 상관을 안 하는 편이어서 내 딴에는 "당신이 뭘 알아!" 하고 대뜸 무시해 버리지만 아이들까지 반대하고 나서는 데는 망설이지 않을 수가 없었다.

그렇다면, 낡은 식탁을 고쳐서 써? 고쳐도 싸구려 티는 벗을 수 없겠지. 가구점 주인 말마따나 여태 인조 대리석 식탁을 쓰냐고 비웃던데. 나는 다시 갈등한다. 사실 지금 식탁을 고쳐 쓰면 아무 불편은 없을 것이다. 다만 남의 이목이 좀 껄끄러울 뿐.

우리 아파트는 평수가 중형 이상이어서 이웃 부인들은 실내 인테리어에 꽤나 신경을 쓴다. 인테리어나 가구로 말하면 우리 집이 가장 열등한 편이다. 그들과 상대하노라면 마치 "댁의 수준은 이정도군요." 하고 비웃는 것처럼 느껴진다. 마치 열등한 인간처럼 느껴지는 건 나의 편협한 생각일까? 입주한 지 10년이 다 되는데 아직도 입주할 때의 싱크대를 쓰고 있는 집은 몇 집 되지 않는다. 욕실도 유행이 지났다는 이유로 멀쩡한 욕조와 타일을 깨고 기백만 원을 들여 바꾼 집도 많다. 나는 그렇게 할 형편도 아니지만 돈이 있어도 그렇게까지 하고 싶지않다. 그래서 거의 바꾸지 않고 살았다.

우리 집엔 정말 오래된 물건투성이이다. 처음 살림을 할 때 썼던 양은 냄비도 아직 나는 갈아 치우지 않았다. 처음 결혼할 때 장만한 그릇들도 그대로 쓰고 있다. 그것들이 깨어져서 못 쓰게 되지 않는 한 유행이 지났다는 이유로 버리고 싶지 않기 때문이다. 어느 날 우리 집에 놀러 온 친구가 보고 "애, 너 아직도 이런 거 쓰니?" 하면서 놀라는 걸 보고 약간 창피했다.

아무튼 식탁을 "새로 살 것이냐 말 것이냐."로 나는 고민하였다. 식탁을 사지 않는다면 돈도 안 들고 환경오염도 되지 않는다. 언제나 나는 환경 타령을 해 대지 않았던가. 과소비로 인해 무분별하게 버려지는 상품으로 인해 지구가 병들어 가고 있어서 큰일이라고, 과소비를 부추기는 자본주의 사회를 경멸해마지 않았던가.

그래, 식탁을 수리하기로 하자. 나는 수리 센터에 전화를 걸었다. 뜻밖에 값이 너무 비싸다. 한 개에 3만 원씩, 네 개면 12만 원이나! 배보다 배꼽이 크다더니. 이런 고물 식탁의 의자를 12만 원이나 주고 수리한다는 말인가. 그러나 수리 센터를 탓할 일은 못된다. 그들도 출장비에 수공비에 새것 못지않은 인건비가 들 것이다.

나는 다시 고민을 해야 했다. 처음 계획대로 새로 식탁을 바꾸어야 하나, 아니면 비싼 수리비를 주고 이 낡은 의자를 수리해야 하나. 이러지도 저러지도 못하고 고민에 빠지고 말았다. 나는 식탁의자를 요모조모 뜯어보았다. 세모 모양의 의자의 천을 벗겨서 살짝 돌려서 다시 덮으면 낡은 부분이 없어질 것 같았다, 그리고 의자를 분해하여 새로 비닐을 씌우고 맞춰 놓으면 될 것도 같았다.

그래서 8월의 삼복더위에 나의 작업은 시작되었다. 거실에 의자를 자빠트려 놓고 나사를 돌려 천을 빼고 그 속에 스펀지니 뭐니 다 빼어 놓았다. 의자 속에 있는 스펀지도 군데군데 얼룩투성이고 겉의 천은 꼬질꼬질 때에 절어 있었다. 나는 우선 욕실로 가 그것들을 빨았다. 비누칠을 몇 번씩이나 했는데도 땟국이 대단하다. 칠 년 묵은 때였으니 오죽할까. 말갛게 빨아 널어 놓으니 속이 다 시원하였다.

그것들이 마르자 의자를 다시 수리하기 시작했다. 하지만 그건 쉬운 일이 아니었다. 꽤 두꺼운 스펀지는 꼭 누르고 앞

핀으로 고정하려 해도 자꾸만 옆으로 튕겨져 나왔다. 더군다나 빼놓았던 나사못을 다시 박으려니 원래 박았던 자리는 찾을 수도 없었다. 정말 보기보다 어려웠다. 한여름 삼복더위는 대단해서 나는 땀으로 몇 번씩 샤워를 한 것 같았다.

간신히 고정을 해 놓고 압핀으로 꼭꼭 박았다. 그리고 천을 살짝 돌려 낡아 있는 바깥 쪽 부분을 안쪽으로 돌려놓으니 감쪽같이 새것 같았다. "역시 채련이 엄마는 기술자야." 나는 스스로 흐뭇해져서 자화자찬을 해 가며 다시 천을 씌우고 새로 사온 비닐을 덮어 못을 박는 등 수선을 떨었다.

퇴근한 남편이 어지러워진 거실을 보고 귀찮다는 듯 왜 이런 걸 집에서 하느냐고 면박을 주었지만 나는 아랑곳하지 않았다. 오전에 시작한 일이 밤 9시가 되어서야 끝이 났다. 온몸이 녹작지근하고 땀으로 범벅이 되었지만 내가 새로 한 작품(?)을 바라보니 흐뭇하고 보람 있었다. 더군다나 일당 12만 원을 벌었다니. 비록 어설프지만 나는 나의 재생 작품을 흐뭇하게 바라보았다. 마치 한 편의 수필 작품을 새로 얻은 것만큼이나 기뻤다. 남편과 아이들이 "와아 정말 새것처럼 고쳤는데." 하고 말하자 그간의 수고가 한순간에 사라지고 기쁨이 넘쳐 났다.

김치 예찬

　　김치가 없는 밥상은 아무리 진수성찬이라도 왠지 미덥지 못하다. 뭔가 빠진 것도 같고 먹은 것 같지 않은 기분이 드는 것은 한국인이면 모두 머리를 끄덕일 것이다. 달랑 김치 한 가지만 있어도 한국인은 맛있는 식사를 하는 데 부족함이 없다. 새곰새곰하게 잘 익은 빠알간 김치를 쭉쭉 찢어 모락모락 김이 오르는 밥 위에 척 얹어 먹는 맛은 진수성찬이 부럽지 않기 때문이다. 게다가 짭짤한 젓갈이나 꼬들꼬들한 장아찌를 곁들인다면 금상첨화이리라.

　또한 김치가 시어 터져 허옇게 곰이 앉도록 못 먹게 될지라도 한국인은 버리는 법이 없다. 물에 슬쩍 헹구어 된장을 풀어 넣고 멸치 두어 개 떨어뜨리고 슴슴하게 끓이면 부들부들한 그 맛은 더욱 일품이어서 한국인만이 즐기는 기호식품이 되어 버린다.

긴긴 겨울밤 간식을 먹을 때도 김치는 동원된다. 백설기나 들큰한 찹쌀떡을 먹을 때도 김치 한 젓가락을 곁들이면 개운해진다. 추운 겨울날 찐 고구마의 맛이 일품인 것도 역시 김치가 있어서이다. 그러하기에 예전에는 가을철에 담그는 김치를 일컬어 반양식이라고 하지 않던가. 그래서 김치가 빠진 한국인의 식탁은 겨자 없는 냉면이요 단팥 소 없는 찐빵이나 다름없다.

나는 딸아이를 통해 일본에서 김치가 얼마나 인기가 많은 식품인가를 실감할 수 있었다. 아이의 일본인 선생 댁을 방문했을 때였다. 그곳에 오신 손님이 딸아이와 나를 번갈아 보며 "모녀라더니 마치 자매 같군요. 비결이 무엇입니까." 하며 덕담을 건넨다. 할 말이 없어 웃음으로 답했더니 "아, 역시 한국인은 김치를 많이 먹어서 그런가 봅니다. 실은 나도 김치를 아주 좋아한답니다."라며 호감을 나타내었다. 딸아이의 선생님도 김치를 아주 좋아하는데, 일본에서는 '김치' 하면 '고급안주'를 연상한다는 것이다. 우리나라에서는 주머니가 빈털터리여서 할 수 없이 택하는 안주가 김치인데 일본에서는 이렇게 둔갑해 있었다. 뿐인가. 고추장마저도 "이것이 다이어트에 좋다는 고추장이야?" 하면서 딸아이의 친구들은 맛보기를 즐겨한다는 것이다.

김치에 대한 재미있는 일화가 있다. 일본어 어학연수를 하고 있는 딸아이가 다니는 어학원에는 외국 친구들이 많단다.

그래서 다른 나라 친구들이 한국에 대해 호기심을 가지고 여러 가지를 물어 온다고 한다. 특히 김치는 모두들 알고 있을 뿐만 아니라 관심이 많다고 한다.

외국 친구들: 혜연, 니가 그렇게 많이 먹고도 날씬한 걸 보면 김치를 먹어서인가?

혜연(딸아이): 글쎄, 아마 그럴지도 모르지.(육류 요리를 먹으며) 아, 김치 먹고 싶어!

외국 친구들: 지금 먹고 있는 게 맛있다며? 그런데도 왜 김치를 찾지?

혜연: 한국인은 김치가 있어야 해. 특히 느끼한 걸 먹을 때면.

외국 친구들: 느끼한 맛이라니? 그건 뭐야? 그게 김치하고 무슨 상관관계가 있는데?

혜연: 주로 기름진 음식이나 육식 같은 걸 그렇다고 하는데 그럴 땐 김치를 먹으면 개운해지거든. 그리고 한국인은 매일 김치를 먹어야 해.

외국 친구들: 매일 먹어야 한다고? 이해할 수 없군. 안 먹으면 죽기라도 하나?

혜연: 그런 건 아니지만 김치에 중독되어 있는 거나 마찬가지이거든.

외국 친구들: 중독이라구? 그럼 김치는 마약 같은 건가?

혜연: 마약? 킥킥 그런 건 아니지만 김치가 워낙 맛이 있거든.

외국 친구들: 그래? 그 김치라는 걸 꼭 먹어봐야겠군.

그들은 알 수 없다는 표정을 짓는다. 세계 어느 나라에도 김치처럼 싫증내지 않고 매일 먹는 음식은 없다고 한다. 그래서 김치에 대해 막연한 환상을 가지고 있다고 해도 과언이 아니다. 김치로 인해 한층 자부심이 높아진 딸애는 급기야 오버(?)를 하고 만다. 공개수업 시간에 한국인은 "결혼할 때 무슨 선물을 가장 많이 하는가?"라는 질문에 "김치냉장고!"라고 답했다고 한다. 그러자 모두들 "오, 얏바리!(역시!)"라며 감탄을 했다고 한다.

딸의 말을 들은 나는 그들에게 김치의 맛을 보여 줘야겠다고 생각했다. 다음날 아침 일찍 일어나 김치볶음밥을 만들었다. 김치를 쫑쫑 썰어 넣고 양파, 당근, 참치 등을 섞어서 볶음밥을 만들고 역시 송송 썬 김치에다가 약간의 참치, 양파, 두부 등을 으깨어 넣어 김치 부침개를 만들었다. 전분을 약간 섞었더니 앞뒤가 노릇노릇하고 파삭한 부침개가 만들어졌다. 그리고 조리하지 않은 순수한 김치를 먹어 볼 수 있도록 김치도 싸고 콩나물도 싸 주었다.

특별한 양념도 하지 않은 음식인데다 점심때가 되면 다 식어서 별로 맛이 없겠지 생각하고 있는데 학원에 갔다 온 아이는 싱글벙글이다. 김치가 정말 맛있는 음식이라며 모두 감탄을 했다고 한다. 도대체 김치는 어떻게 만드는 것이냐며 너희 엄마에게 꼭 배워야겠다고 부탁을 하더란다.

나는 아이의 말을 듣고 흐뭇했다. 아이에게 김치 볶음밥과 부침개 정도를 만들어 보내었지만 김치로 만들 수 있는 요리는 얼마나 다양한가. 찌개의 대명사는 김치찌개요. 밥을 넣고 같이 지으면 반찬이 필요 없는 김치죽이나 김치밥이 되고 라면에다 넣으면 김치라면이 된다. 온갖 것에 넣어도 김치는 기죽지 않고 그 맛을 더욱 살려 준다. 아니 다른 반찬도 필요 없을 만큼 김치 하나로 빛이 난다. 역시 김치는 우리 민족이 개발한 자랑스러운 고유의 식품일 뿐만 아니라 한국인의 음식문화를 대표하는 식품이다.

더구나 김치에 사용되는 배추, 무, 마늘, 생강 등 모든 재료들이 각각 기능을 가진 약용식물에 속하는 것들이고 유산균이 발효해 복합적인 작용으로 우리 몸을 이롭게 한다. 김치의 효능은 각종 면역기능을 활성화하고 소화촉진은 물론 암과 성인병을 예방하는 것으로 알려지고 있어 국내외 영양학자들은 김치를 미래의 식품으로 손꼽고 있다. 영양가 많은 우리의 김치가 이제는 세계인의 식탁에서도 친숙한 음식으로 자리매김할 날이 오지 않을까.

일본에 있는 딸아이를 거의 1년간 만나지 못했다. 휴가를 내어 일본으로 향하는 마음은 아이들을 만난다는 기쁨으로 설레었다. 일본에 도착한 첫 인상은 단정하다는 느낌이 들었다. 잘 정돈되고 휴지 하나 없는 깨끗하고 조용한 거리였다. 일본도 자가용이 많은데 좁은 마당이라도 집 안으로 차를 들여놓아 주택가 거리에도 차들이 주차해 있는 경우는 거의 없었다.

일본에서 자취하며 살림을 꾸려 온 아이는 제법 어른스러워져 있었다. 이제는 시집보내도 되겠구나 하고 농담을 건넸더니 아이는 멋쩍은 듯 웃는다.

내가 아이들을 만나기 위해 가져간 것은 김치를 비롯하여 순대, 오징어, 삼겹살, 상추와 깻잎, 쫄면 등 일본에서는 구하기 힘든 것들이었다. 아이들은 내가 해 주는 음식을 먹고 매일매일 즐거워했다. "우리들이 일본에 있을 때까지 엄마가 같이 있었으면 좋겠다."고 한다. 나는 눈을 흘기며 "돈을 준다고 해도 있기 싫어. 일본이 뭐가 좋아!" 하고 쏘아붙였고 우리나라에서 뼈 빠지게 번 돈을 왜 이 부자나라에 갔다 줘야 하니? 하는 등 매정한 말을 서슴지 않았다.

내가 늘 불만스러웠던 것은 부모의 슬하를 떠나 두 아이가 일본으로 갔다는 것에 있었다. 마치 뺏긴 것만 같았다. 날이 추워져도 아이들 걱정부터 앞섰고 맛있는 음식을 앞에 두면 아이들이 먼저 생각나는 건 어쩌면 고통일 수 있었다.

왜 그 애들은 일본으로 가 버렸을까. 일본이 좋았던 이유가 무엇이었을까. 곰곰이 생각해 보니 정작 본인들은 아니라고 하지만 만화에 있는 것 같았다. 둘 다 일본 만화에 취해서 일본을 좋아하게 된 것 같았고 그래서 일본어 전공을 선택했고 유학의 길을 떠나고 말았다. 하나가 가더니 작년에는 또 하나가 뒤따라 어학연수를 하러 일본으로 떠났다. 그래서 요즘 나는 문화산업의 중요성을 실감하고 있는 중이다.

나의 불만과는 달리 두 아이는 일본에서 충실하게 생활하고 있었다. 공부도 열심히 하는 것 같았고 성실하고 알뜰하게 생활하고 있었다.

일본에 있으면서 가장 싫었던 것은 방바닥이 차다는 것이었다. 아이가 사는 원룸은 마루방이었는데 실내화 없이는 발이 시려서 그냥 다니기가 어려웠다. 낮에는 난로를 켜 놓고 있었지만 잘 때에는 난로를 꺼 놓고 두꺼운 이불을 덮고 잤다. 나고야 지방이 인천보다는 온도가 높은 곳이지만 2월 하순의 날씨는 난방 없이 지내기는 추웠다. 아침에 잠에서 깨었을 때의 그 을씨년스러움은 일어나기도 싫을 뿐더러 정나미가 떨어졌다. 뜨뜻한 온돌이 절로 그리웠다.

"야 그 자부동(방석) 이리 내라." 내 말에 딸아이는 "엇! 엄마가 자부동이라는 일본말을 어떻게 알아요." 하고 놀란다. "후후 알기는…… 옛날엔 방석이라고 안 하고 다 자부동이라고 그랬단다." 오랫동안 쓰지 않던 자부동이라는 말이 어딘가에 숨어 있다가 여기서는 절로 나온 생각을 하니 내가 말하고도 우스웠다.

아이들이 추운 곳에서 고생하는구나 생각하니 속이 상했다. 그리고 "젊어서 고생은 사서라도 해야 한다."라는 평소 신념은 어디로 가고 안타까운 마음만이 앞섰다. "얘들아 여기서 힘들면 그만 돌아가자."라고 말했지만 두 아이는 공부가 끝나야 한다며 들은 체도 안했다.

그런 아이들이 불만스러웠던 나는 급기야 "나는 정말 일본이 싫어!"라고 소리쳤다. 일본이 밉다고 생각하니 좋아 보이는 게 없었다. 정돈이 잘된 거리도 왠지 정이 안 간다고 싫어했고 집집마다 잘 가꾸어진 정원수도 불만스러웠다. 나무가 자연스럽게 자라는 것도 좋을 텐데 한결같이 동그랗게 다듬어 놓은 모양은 마치 짧게 이발한 남자가 차렷 자세로서 있는 것 같다고 투덜대며 까탈을 부렸다.

　일반적으로 사람은 한 가지가 좋으면 나머지도 다 좋아 보이게 마련이다. 특히 감수성이 예민한 사춘기에는 더욱 그렇다. 그러기에 우리 아이들이 만화에 취해서 일본을 좋아하게 되었고 만화 속에 나오는 일본을 가고 싶어 하였다. 그리하여 고교졸업 후 아르바이트로 처음 벌은 돈을 가지고 제일 먼저 갔던 곳이 일본이었다. 현지에 가서는 실제의 풍경을 보고 감탄을 했고 특히 노천 온천에 가서는 어이없게도 만화 장면처럼 혹시나 원숭이가 나오기를 설레는 마음으로 기다렸다고 하지 않는가.

　최근에 일본에서는 드라마 '겨울 연가'(일본명: 겨울 소나타)가 방영되어 선풍적인 인기를 끌었다고 한다. 겨울 연가의 주인공 배용준의 인기가 급상승하였고 그가 일본을 방문했을 때는 오천 명의 일본 팬이 몰려들었으며 배용준을 보자 까무러치는 팬도 있었다고 한다. 그리고 겨울 연가의 촬영현장을 보기 위해 한국에 오는 관광객도 줄을 잇고 있다. 더불어 한국어를 배우고자 하는 유행도 생겨나서 한국어 교사가 한창 주가를 올리고 있는 중이라고 한다.

　딸아이 말에 의하면 요즘 '용사마(배용준) 세트'가 유행이란다. 그게 무슨 말인가 물으니 배용준 스타일의 가발과 목도리와 안경을 한 세트로 해서 팔고 있는데 젊은 아줌마들이 그걸 남편에게 사다 씌우면서 좋아한단다.

아이의 선생 댁을 방문하였을 때였다. 선생은 우리에게 식사를 대접하려고 하였는데 너무 늦은 시각이어서 문을 연 식당이 없었다. 일본 사람이 경영하는 한국식당이 아직 문을 닫지 않았다고 하여 그곳으로 갔다. 실내에서는 한국 유행가가 흘러나오고 실내장식도 한국풍이다. 일본인 웨이트레스는 주문을 받은 뒤 큰소리로 "주문 받았습니다."라고 한국말로 외친다. 단 한마디의 한국말이다.

선생의 어머니가 쇠고기 로스구이와 비빔밥, 가르비 국밥(갈비국밥)이라는 메뉴를 시켰다. 로스구이는 상추를 내어 준다. 양이 너무 적은 게 흠이었지만 고기는 맛이 있었다. 그런데 가르비 국밥이라는 것이 좀 희한했다. 맛은 짬뽕 국물 같은데 국밥처럼 밥을 말아 내온다. 내용물은 약간의 야채와 콩나물과 몇 점의 고기가 들어 있다. 짬뽕국물처럼 얼큰하고 벌건 게 국적불명이다.

딸아이가 얼마 전에 이곳에서 서빙 아르바이트를 한 적이 있다고 한다. 한국 학생의 어머니가 왔다고 하니까 주방장이 나와 인사를 하며 음식이 어떠하냐고 정중히 묻는다. 나는 "한국에서는 좀처럼 볼 수 없는 메뉴이지만 아주 맛있습니다." 하고 대답을 해 주었더니 그는 약간 머쓱해하며 만족한 듯 웃는다.

선생의 어머니가 음식을 들며 "역시 한국 음식은 맛이 있구나." 하여서 나도 기분이 좋았다. 아마 평소에도 한국 음식을 즐기는 듯했다. 이곳에서 한국식당은 맛있고 값도 싸고 양도 많아서 인기가 많다고 한다. 역시 한류 열풍이다. 한류 열풍은 용사마가 불을 댕기고 음식문화와 다양한 습관까지 들불 번지듯 퍼지고 있는 것 같았다.

요즘 아시아 각국에서 불고 있는 한류 열풍, 이건 우리에게 주어진 행운일 수도 있다. 비록 대중문화에 국한되고 있지만 어쨌든 기분 좋은 일이다. 우리도 문화산업을 더욱 육성하여 한국 팬을 만들어서 우리나라로 불러들일 수 있었으면 좋겠다. 우리아이들이 일본이 좋아서 떠나갔듯 한국을 좋아하는 여러 나라 친구들이 많아져서 한국을 배우러 들어올 수 있었으면 좋겠다. 비록 그들의 부모가 나처럼 불만을 가지더라도 말이다.

일본과 우리는 여러 가지 유사한 점이 많다. 일제의 지배를 받아 온 역사적 환경도 있지만 가장 가까운 지리적 조건으로 하여 많이 닮아 있다.

아이는 일본에서 공부를 하며 여러 가지를 경험했는데 그 중에서도 한, 중, 일의 유사점에 관한 것이 가장 흥미 있단다. 한 가지 예로 설날에 일본에서는 떡국을 먹는다. 그리고 중국에서는 만두국을 먹는다고 한다. 한국에서는 떡과 만두를 같이 먹지 않느냐는 거다. 중간에 있다가 양쪽을 보아하니 다 좋은 것 같아서 섞어 먹어 버리는 것인가? 슬며시 웃음이 터졌다.

아이는 중국인 친구도 많았는데 중국어와 우리나라 말은 같은 것이 많단다. 숫자도 일, 이, 삼, 사까지만 약간 틀리고 오, 육, 칠, 팔, 구, 십의 발음이 거의 비슷하다는 것이다. 그래서 중국 친구 앞에서 자신은 기죽지 않으려고 굳이 하나, 둘, 셋 이렇게 센다는 것이다. 한, 중, 일 3국은 어찌 보면 형제국이라고 해도 과언이 아니다. 혈통으로 보아도 문화로 비교해 보아도 중국과 우리와 일본은 서로 밀접하게 관련이 되어 있다.

일본인과 중국인과 한국인은 외모의 차이가 거의 없다. 하지만 일본에서 느낀 것은 갸름한 남방계 얼굴의 비율이 우리보다 많다는 것이다. 중국에서는 북방계의 얼굴형이 많다는데 우리는 그 중간쯤 되는 것일까? 그리고 대체로 일본인의 키가 우리나라 사람보다 평균적으로 약간 작은 것 같다는 생각이 들었다.

딸아이는 일본 친구와 함께 공중목욕탕엘 갔다. "등을 밀어 줄까?" 하는 딸아이의 제안에 친구는 좋아하면서 "그렇다면 한국식으로 밀어 줄꺼지?"하면서 잔뜩 기대를 했다고 한다. 한국식이란 때밀이 수건으로 빡빡 밀어 주는 것을 뜻한다. 딸아이는 한국식 때밀이 수건이 없어서 그렇게는 못한다고 하자 실망을 하더란다.

우리는 때 미는 것을 각질을 억지로 벗기는 것이라고 하여 좀 찜찜해하고 있는데 이들은 그런 것도 호기심을 가지고 해 보려는 것일까 하여 웃음이 나왔다. 우리도 일본 것을 여러 면에서 많이 따라하는 편이지만 일본에서도 한류바람이 분 이후 역시 그런 것 같았다. 양국이 이웃해 있으면서 상대방이 하는 일은 모두 좋아 보이나 하는 생각이 들었다.

일본인들은 저녁이면 꼭 탕 안에 물을 채워 목욕을 한다는 것이다. 그래서 겨울에는 난방이 잘 안 된 실내에서 추위를 견디기 위해 몸을 덥힌다는 것이다. 우리가 주로 샤워를 하는 것과는 다르다. 나는 딸과 함께 목욕을 했다. 따끈한 물을 욕조 안에 채우고 딸과 나는 같이 탕 안으로 들어갔다.

딸아이는 좀 비쩍 마른 편이다. 나는 뜨끈한 물속에 같이 잠겨서 흐뭇하게 딸을 바라보다가 "너 제발 많이 먹고 살 좀 쪄야겠다. 가슴이 그렇게 빈약해서야……." 내가 힐난을 하자 딸은 "엄마는 머 큰 줄 알아요?" 하면서 반격해 온다. 딸과 나는 서로 키득거리며 아스팔트 껌이라느니, 담벼락에 붙은 빈대 같다느니 하며 상대의 가슴에 대해 한참 흉을 보았다.

그런데 딸이 하는 말이 흥미롭다. 자기가 본 바로는 일본 여자는 몸이 말랐어도 가슴이 상대적으로 크다는 것이다. "그럴 리가…… 동양인은 다 같은 거야." 내가 단정적으로 말하자 그렇지 않단다. 그래서 자신이 곰곰이 생각해 보니 한국의 전통 의상은 가슴을 꼭 조이는 것이 아니냐는 거다. 그런데 비해 일본의 전통 의상은 가슴은 자유롭고 허리를 꼭 조이는 것이란다.

한복 때문에 가슴이 그렇게 되었다고? 한국의 전통적인 사고방식에는 여자가 유방이 크면 흉이 되었다. 속담에도 "못된 송아지 엉덩이에서 뿔나고 못된 년은 뭐만 크다."는 식으로 여자의 가슴을 천시하고 학대하기 일쑤였다. 그러다 보니 꼭꼭 졸라맬 수밖에 없었고 조선시대의 몇백 년이나 되는 세월을 그런 식으로 생활하다 보니 그것이 유전자로 작용할 수도 있겠다는 생각이 들었다. 그래서 그런지 한국 여자는 대부분 가슴이 작은 편이다. 그러면 가슴이 작은 건 조상 탓이라는 말인가?

나는 "그럼 일본의 전통 의상이 여자들한테 더 좋은 거 아냐?"하고 되물었더니 그건 또 전혀 아니란다. 허리를 꽉 조일 뿐만 아니라 치마폭이 어찌나 좁은지 뒤뚱뒤뚱 걸어야 한단다. 활발한 움직임은 물론 걷는 것조차도 영 불편하단 다. 그런 면에선 차라리 한복이 낫다는 것이다.

한글에 관하여도 재미있는 일화가 있다. 외국인 학생들이 묻기를 너희 나라 글은 참 재미있는 글자라면서 왜 글자가 □ ○ △ X로 되어 있느냐고 물어 온다는 것이다. 그런 경우 는 우리도 미처 생각해 본 일이 없었다. 곰곰이 생각해 보니 ㅁ, ㅂ이 그렇고 ㅇ, ㅎ 등이 그렇다고 생각할 수도 있겠다. 그렇다면 ㅅ과 ㅉ이 그네들 눈에 △나 X로 보였을려나?

외국인 친구들이 한글은 귀여운 모양의 글자라며 각자 자 신들의 이름을 써 달라고 부탁하자 딸아이는 신이 나서 한 글로 각자 이름을 써 주었단다. 그러자 아이리스라는 홍콩 친구는 자신의 이름에 동그라미가 두 개나 들어갔다고 좋아했지만 쉐첸이라는 중국 친구는 시무룩해하더란다. 그러면서 "정혜연, 네 이름은 왜 동그라미를 세 개나 넣으면서 나는 왜 하나도 없는 거지?"하고 싫어하였다. 그러자 딸애가 재치 있게도 "우리나라 발음으로 네 이름은 쉐첸에 가깝지만 쉐 첸 하고도 비슷한 발음이니 네 이름을 쉐첸이라고 표기하면 동그라미를 넣어줄 수 있어" 하고 다시 써 주자 좋아하더라 나. 동그라미는 누구에게나 호감을 주는 부호인가 보다.

어느 날 아침에는 아이가 커피를 마시러 가자고 한다. 아 침부터 웬 커피? 의아하게 생각했더니 이곳에는 아침에 모 닝커피를 마시러 가는 사람이 많다고 한다. 11시 정도까지 가서 차를 한 잔 시키면 무료로 샌드위치 등이 간단한 아침 으로 곁들여 나온다는 것이다. 이것도 하나의 색다른 문화이 니 한번 체험해 보라고 한다. 마침 그날은 비가 내려서 세 모녀는 우산을 쓰고 아침부터 근처 찻집으로 향하였다.

세심한 인테리어가 돋보이는 찻집의 실내는 정갈했고 탁 자 위에는 작은 장미 한 송이가 새촘하게 고개를 들고 있었 다. 실내에는 내가 시켜 놓은 '카푸치노'처럼 감미로운 음악 이 흐르고 나는 드라마의 주인공이라도 된 것 같은 기분이 잠깐 스치고 지나갔다.

실내에는 노인부부나 아기를 데리고 온 젊은 부부 등 일 가족인 듯한 사람들이 소곤소곤 정담을 나누며 간단한 식사와 함께 차를 마시고 있었다. 비오는 날이지만 아침에 아이들과 분위기 좋은 곳에서 담소를 나누며 마시는 차 한 잔도 각별한 재미가 있었다.

시내를 돌아다닐 때는 여고생의 차림이 이색적이었다. 모두 교복을 입고 있었는데 교복 치마의 길이가 깡총하게 짧았다. 여고생만의 유행이란다. 추운 날씨에 겨우 팬티만 가릴 정도로 달랑달랑한 치마를 보고 있으려니 아슬아슬하기도 하고 그런 아이들이 귀엽고 재미있었다. 게다가 가장 안 추운 종아리는 왜 두툼하게 덮고 다니는지 일명 '루즈삭스'라 불리는 양말도 아닌, 반스타킹 비슷한 것을 모두 종아리에 걸치고 다닌다.

교토 여행을 했을 때였다. 하루 종일 교토 시내를 돌아다니고 저녁 7시에 나고야행 버스를 타기로 예약이 되어 있었다. 그런데 7시가 지나도 버스는 오지 않았다. 일본은 시내버스도 정확하게 배차시간을 지켜서 오는데 아무래도 이상했다. 그날은 날씨도 매우 사나워서 때 아닌 눈발이 날리고 있었다. 가릴 것도 없는 거리에 서서 버스를 기다리자니 지루하고 춥고 배도 고팠다. 나는 투덜투덜 딸에게 불만을 털어 놓았다. 주위에는 버스를 예약한 손님들이 길게 줄로 늘어서 있었지만 아무도 불만을 얘기하고 있지 않았다.

성미가 급한 나는 화가 나기 시작했다. 뭐야? 약속도 안 지키고…… 일본이 선진국인 거 맞아? 하면서 속이 끓어오르고 있었다. 30분이 지나서야 헐레벌떡 달려온 버스회사 직원이 말하기를 오기로 되어 있는 버스가 사고가 나서 좀 더 늦게 될 것이라고 전한다. 그러자 기다리던 사람들이 "오 그렇군요." 하면서 얌전히 고개만 끄덕인다.

나는 좀 놀랐다. 우리나라 같으면 손해배상 해 달라고 난리가 났을 텐데 이 사람들은 아무렇지도 않게 받아들이고 있었다. 거의 한 시간 정도가 경과한 후에 버스는 나타났다. 운전기사는 스미마셍(미안합니다)을 수도 없이 되뇌며 사과하더니 밖에 승객을 놔두고 차 안을 정리하기 시작한다. 나는 속으로 "저 운전기사 돌대가리 아냐? 아니, 한 시간씩이나 서서 기다린 통에 추워 죽겠는데 차 안으로 우선 들어오라고 하고서 정리하지 왜 저러는 거야." 하고 화를 내었다. 그러나 승객 중에는 아무도 불만을 이야기하지 않는다. 너무나 조용하고 얌전하여 내가 이상해질 지경이었다. 버스기사가 차 안을 정리할 때까지 기다리다가 차례로 승차한 후에도 아무도 뭐라 하는 사람이 없었다.

이 사람들은 화가 나지도 않나. 무엇 때문에 이렇게 얌전한가. 이건 관대한 건가? 무조건적인 승복인가? 나는 이해가 되지 않았을 뿐만이 아니라 몹시 헷갈려야 했다. 그들 마음속에도 분명 불만이 자리하고 있었을 텐데 불만을 겉으로 드러내지 않는 점이 몹시 이상했다.

지난번에도 이와 비슷한 일을 경험했다. 대형 수족관 관람을 갔을 때였다. 나는 좀 늦게 입장을 한 편이었다. 수족관을 반쯤 관람했는데 퇴장하라는 안내방송이 나오는 것이었다. 시간을 보니 마감시간까지는 반 시간이나 남아 있었다. 자신들의 편리대로 관람객을 일찍 퇴장시키려는 것 같았다. 나는 직원에게 아직 퇴장시간이 남아 있다는 것을 알리고 마지막시간까지 관람을 하기를 원했다. 그래서 이의를 제기했으나 받아들여지지 않았다. 그런데 다른 일본인들은 아무도 그것에 대해 불만을 제기하는 사람이 없었다. 모두들 퇴장하라니까 '아, 그렇습니까?' 하면서 착한 얼굴로 총총총 발걸음을 옮기는 것이었다. 나는 또다시 '이 사람들이 과거 세계2차 대전을 일으킨 국민들 맞아?' 하는 생각이 절로 들었다.

남을 이해하는 것도 좋고 복종하는 것도 좋지만 만일 이런 것이 이들의 국민성이라면 나라를 쥐고 있는 권력자가 전횡을 휘두른다고 해도 이들은 순순히 복종하지 않을까. 이들의 집단성, 튀는 것을 싫어하는 일본인, 역시 남이 튀는 것도 싫어하는 그들의 국민성으로 인하여 권력자에게도 비판 없이 조용했던 것일까? 2차 세계대전의 경우도 그런 것은 아니었을까? 호전적이고 급진적인 지도자로 인하여 전쟁을 일으키고자 했을 때 이의를 제기하고 반대하며 싸우기보다는 대다수가 그저 순종하고 이해한다는 미덕을 지켰던 탓에 자신도 망가지고 남에게는 더 큰 피해를 준 것은 아니었을까? 라는 상상이 눈발 날리는 교토의 거리에서 내 머리를 계속 지배하고 있었다.

딸과 함께 나고야 관광에 나섰다. 도쿠가
와 이에야스가 축조했다는 나고야 성을 찾았다. 1612년에
완성되었으나 2차 대전 공습 때 화재로 소실된 성을 다시
복원공사를 해 놓은 것이라고 하는데 성의 규모가 대단히
높고 웅장했다. 교토에 갔을 때 '히가지 혼간지'라는 절을
보았을 때도 그 규모가 우리나라 절보다도 크고 웅장했다.

일본에는 전국시대(戰國時代)가 있었다. 전국시대에는 이
웃마을을 침략하고, 침략당한 마을은 그 원수를 갚기 위해
다른 마을과 동맹을 맺어 다시 쳐들어갔다. 배신당하지 않기
위해 딸을 바치고 마누라를 주고 온갖 배신과 음모가 판치
던 시대였다. 사람 목숨을 우습게 알던 시절이었고 어느 마
을에서는 전쟁으로 인해 남자의 씨가 말라 버린 경우도 생
겨났다고 한다.

그 천하를 오다 노부나가가 평정하고 도요도미 히데요시를 거쳐 도쿠가와 시대에 와서 평화를 찾게 된다. 나는 여고 때 대하소설 대망(德川家康)을 읽고 감명 받은 적이 있어서 도쿠가와 이에야스(德川家康)에 대해 잘 이해하고 있다. 그 소설에서 도쿠가와는 상당히 은자(恩子)로 묘사되어 있다. 그가 천하를 평정한 힘은 인내와 남을 포용하는 너그러운 마음이었다. 나고야 성은 도쿠가와가 축조한 성이라서 나의 흥미를 더욱 끌었다.

일본은 신라시대 때에는 우리나라가 문물을 전해 준 곳이지만 이제는 그들의 문화가 앞서 있음을 부인하지 못한다. 경제부국 일본, 깔끔하고 예의바른 일본인, 국제사회에서 그 이미지가 좋은 나라로 알려져 있다.

나고야 성을 돌아보고 나오는 길이었다. 딸이 낯선 사람에게 모르는 길을 묻는데 소곤소곤 말하였다. 스미마셍(죄송합니다만)…… 어쩌구 하면서 물어보는데 옆에 있어도 잘 들리지 않았다. 내가 좀 크게 말하라고 하자 일본에서는 큰 소리로 말하면 실례라는 것이다. 언제나 작은 소리로 소곤소곤 말해야 한다는 것이다. 나는 웃으며 속으로 "말괄량이 얌전해지겠군." 하고 생각하였다. 일본인들은 길에서뿐만이 아니라 버스에서도 전철에서도 크게 얘기하는 것을 보지 못하였다. 더불어 우리 모녀도 소곤거릴 수밖에 없었다.

아이는 어학원 친구들을 만나기로 했다며 내 손을 잡아끈다. 친구들과 만나기로 한 곳은 지진, 태풍, 화재 체험관이다. 7도 지진과 똑같은 경우를 설정해 놓고 가상 체험을 하게 해 주는 곳이다. 7도의 지진 체험은 실로 대단했다. 무거운 가구와 책상 같은 방안 세간이 정신없이 흔들리다가 등이 꺼지는 지경에 이르렀다. 건물이 무너지는 사태가 실감이 났다.

아이가 일본에서 생활할 때 지진 경보가 있었는데 홈스테이 하던 집 어머니가 이러다가 큰 지진이면 어떡하나 몹시 불안해하며 비상식량을 싸들고 공터로 나가더란다. 자신은 별 생각 없이 쫄래쫄래 따라서 가니 동네 사람들이 공터에 많이 모여서 걱정스러운 표정으로 웅성거리는 걸 보고서야 지진의 공포를 실감했다고 한다. 이런 자연재해로부터 자신을 지켜 온 일본인이기에 오늘날 굳건한 선진국을 이루지 않았을까 하는 생각이 들었다.

여러 가지 유익한 체험 중에서도 화재 체험은 공포였다. 밀폐된 공간에서 더듬거리며 출구를 찾아 나오는 것인데 절벽 같은 어두움은 아무리 가상일지라도 두려웠다. 나는 대구 참사 때 죽은 영혼들이 갑자기 생각났다. '이 어두움과 고통 속에서 울부짖으며 죽어 갔겠지.'라는 생각을 잠시 해 보았다.

여러 나라 친구들과 헤어질 때는 서운한 생각이 들었다. 그래서 내가 "너희들과 작은 다과나 차라도 같이 하고 싶은데 어떠냐?"라고 제안을 했고 딸에게 통역을 부탁했다. 그러자 다들 머뭇대는 듯하더니 "집에 일이 있어서."라든지 아니면 "바빠서요." 하면서 다들 꽁무니를 빼며 가 버렸다. 나는 의아했다. 딸아이에게 묻자 아마도 부담스러워서일 거라는 대답을 했다. 우리나라 애들 같으면 어른이 뭘 사 주겠다고 하면 거의 사양하지 않는다. 옳다구나 하면서 따라나서기 마련인데 이들은 그렇지가 않은 게 좀 신기했다.

일본이 가장 선진국다웠던 건 동네에서였다. 군데군데 공동 쓰레기장이 있었는데 얼마나 깔끔하게 처리를 해 놓았는지 모른다. 비닐에다가 분리수거를 하여 입구를 꽁꽁 묶어 단정하게 늘어놓았다. 공동 쓰레기장 주변이 종이부스러기 하나 볼 수 없게 어찌나 깨끗한지 부럽고도 부러웠다. 그건 다 시민의 자발적인 의지였다. 우리도 저랬으면 하는 마음이 굴뚝같았다.

한국에서 우리 집 앞에는 쓰레기를 놓아두는 장소가 있는데 사람들의 행태가 실로 가관이다. 종량제 봉투 값을 아끼려고 비닐봉지에다 슬쩍 갖다 버리는 것은 예사고 지나던 자동차가 담배꽁초를 재떨이 채 미련 없이 훌훌 털고 가 버려서 꽁초가 산지사방으로 흩어져 있는 것을 보는 것은 일상 있는 일이다. 나는 집 앞을 치우면서도 속상해서 사람들이 왜 이렇게 공중도덕에 무심할까를 곰곰이 생각해 보게 된다.

몇 년 전에 초등학교 방과 후에 학교에서 일할 기회가 있었다. 그때 놀란 건 분리수거란 건 전혀 볼 수가 없었다는 것이다. 교실에는 큰 종량제 봉투가 있었는데 그 안에는 빈 병, 음료수 깡통, 종이컵, 폐지 등 재활용될 수 있는 것들이 일반 쓰레기와 모두 같이 뒤엉켜 있었다. 나는 그때 생각하기를 "이런 건 아이들에게 지도하지 않는 걸까? 무감각하게 버려지고 관심도 없으니 말이다." 하고 생각했다. 환경오염을 매스컴이고 어디서고 일반인들에게도 귀에 딱지가 앉도록 떠들어 대었으니 아이들을 교육 안 시켰을 리 없고 아마도 학급마다 있는 비디오 시설로 시청각 교육까지 철저하게 했을 것 같았다.

문제는 실천에 있었다. 글자로 가르치기만 하고 실천하는 것을 저렇게 도외시한 건 아닐까. 아이들이 따라 주지 않는다는 혹은, 귀찮다는 이유에서인지는 몰라도 선생님이 실천을 도외시했다면 아무리 가르친들 공염불에 지나지 않는 것이 아닐까 하는 생각이 들었던 것이다. 그것이 쓰레기 재활용 교육에 그치지 않고 도덕이나 인성교육에 이르러서도 마찬가지가 아닐까 하는 생각에 한동안 우울했다.

물론 학교에서 잘 가르쳤으나 따라 주지 않는 건 가정교육이 문제라고 할 수도 있다. 그러나 나는 가정주부의 입장이어서 그런지 학교 탓만 하게 된다. 학교와 가정이 이렇게 서로 미루는 사이 아이들 교육은 강 건너 불구경처럼 되는 건 아닐까 하는 불안도 증폭시키면서 말이다.

생각해 보건대 생활수준도 일본보다도 별로 뒤떨어져 있

다고 생각지 않는다. 그러나 공공의식의 수준은 얼마나 차이가 나는 걸까. 십 년쯤 지나가면 개선이 될까? 아마도 언젠가는 개선이 되리라는 희망을 갖는다. 꿈은 이루어진다고 했으니 나는 우리나라가 진정한 선진국이 되는 꿈을 날마다 꾸어야겠다.

일본여행 4

남편과 나는 딸애가 있는 일본으로 향하였다. 남편은 휴가를 잠시 내고 나는 마침 휴강인 때를 이용하여 나흘 일정으로 일본 나들이를 나서는 것이다. 이번에는 둘째 아이까지 따라나서 일본에서 네 식구가 같이 보낼 예정이다. 일본에 있는 아이는 한국에 왔다가려고 일주일 정도 어렵게 잡아 놓은 휴가마저도 졸업논문 때문에 그만 못 오고 만 것이다. 다시 휴가를 낼 수가 없어 우리 부부가 아이를 찾아가는 셈이다.

아이를 만난 지도 꽤 오래되었다. 무소식이 희소식이라지만 떨어져 있는 아이가 늘 안심이 되지 않는다. 전화할 적마다 딸아이는 걱정 말라며 나를 안심시키지만 본래 말이 없고 심성이 착한 아이라서 행여 어려운 일이 있더라도 말하지 않을 것 같았다.

아이는 올해 일본에서 대학을 졸업한다. 이제는 아이가 집으로 들어와서 가족과 같이 지낼 줄 알았더니 졸업을 앞두고 이미 일본에서 취직을 한 것이다. 외국인이라서 취직이 쉽지 않은데 교수님이 추천을 해서 취직을 했으니 1~2년 직장생활을 한 후에 집으로 오겠단다.

오랜만에 본 아이는 좀 힘들어 보였다. 타향살이가 쉽지는 않았으리라. 내심 안쓰러운데 본인은 아무 문제 없단다. 나는 아이를 물끄러미 바라본다. 아이는 피부가 희고 눈이 유난히 커서 남들이 볼 적마다 한마디씩 하곤 했다. 그중의 한 표현에 의하면 순정만화 여주인공 같다는 것이다. 그 순정만화 여주인공도 세월이 가니 청순한 느낌이 사라졌고 다른 말로 표현하면 성숙해졌다고나 할까.

댓 평 남짓한 방이 아이가 사는 원룸이다. 나는 아이의 살림을 이리저리 살피며 심통을 부렸다. "너 이런 좋은 물건은 왜 산 거니? 여기서 아주 살 작정이니? 그래! 오지 말고 아주 여기 살아라!" 내 엉뚱한 심술과 잔소리에 아이는 그저 웃는다. "엄마 걱정 말아요. 난 집으로 돌아갈 거야. 다 가지고 갈 거니까." 하면서 나를 안심시킨다.

다음날은 막내 아이의 졸업이어서 학교로 향했다. 이곳 일본은 우리처럼 졸업식에 흥청망청하는 분위기가 없단다. 가족이 오는 경우도 역시 없다. 우리 식구는 아이와 함께 단출한 졸업식에 참석하였다. 아이는 직장 때문에 졸업논문이 늦어졌다고 한다. 후기 졸업식이어서 졸업생이 얼마 안 되어 더 썰렁했다.

졸업식에 앞서 둘째아이는 동생에게 입힐 거라며 꾸역꾸역 한복을 꺼내어 놓는다. 웬 한복인가 했더니 며칠 전 일본 친구에게 빌렸다는 것이다. 한국 사람이 일본인에게 한복을 빌리다니…… 이런 경우도 있는가?

한국을 지독히도 좋아하는 아이의 일본인 친구는 한국을 수 없이 드나들다가 마침내 별러서 한복을 장만하고 애지중지 여기며 가끔 입어 보기도 하는 것을 빌린 것이다.

여태 한복 한 벌도 장만해 주지 않다니. 나도 참…… 말로만 예뻐하는 어지간한 엄마다. 졸업식을 끝내고 담당교수님을 만나 인사도 드리고 교정을 둘러보고 밖으로 나왔다. 참으로 눈부시게 화창한 날이었다. 2월 말이어서 좀 쌀쌀했지만 나고야는 벚꽃이 한창일 만큼 기온이 높다. 눈발처럼 내리는 벚꽃을 맞으며 교정을 나왔다.

아이가 이끄는 대로 점심을 먹으러 재일교포가 하는 중국 음식점으로 갔다. 예전에 우리 아이가 주말마다 이곳에서 서빙 아르바이트를 한 적이 있어 주인은 우리 일행을 무척 반가워했다. 얼마 전에 초밥을 먹은 터여서 간단하게 우동을 시켰더니 매콤한 김치도 준다. 대개의 일본식당은 우동을 시키더라도 단무지 한 조각도 주지 않는다. 라면을 먹더라도 뭔가 집어 먹고 싶어 하는 우리로서는 맞지 않는 문화다. 그런데 이 재일교포 식당에서는 김치를 내어 주는 것이다. 게다가 시키지도 않은 요리를 자꾸 내온다. 부담스러웠지만 계산을 해 주면 되지 싶어서 사양하지 않았다.

주인아줌마는 50대 초반으로서 재일교포 3세다. 일제 강점기에 징용으로 간 사람의 후손이다. 이 아줌마는 우리말을 할 기회가 전혀 없지만 혼자 열심히 공부하여 비록 말은 서툴지만 한국어를 잘 알아듣는다. 내 책을 예전에 아이가 준 적이 있는데 그걸 다 읽고 이해하고 있는 걸 보면 상당한 실력이다.

조상의 고향이 경상도라는 이 아줌마는 친척 간 왕래도 없고 사실상 한국 땅과 고리가 끊겼음에도 아직도 일본인으로 귀화하지 않고 있다. 이 아줌마네 일가가 온갖 불이익을 감수하며 귀화하지 않는 이유는 무엇일까. 짐작건대 막연한 향수 같은 것이 아닐까. 그녀의 조상이 대대로 핍박받아 온 반작용으로 고향의 그리움을 여태 간직하고 있는 건 아닐까.

식사를 끝내고 계산대 앞에 서니 그냥 가라는 것이다. 이것저것 먹은 것이 많은데 그냥 나올 수는 없어서 안 된다고 했으나 워낙 완강하다. 더구나 하는 말이 감동적이다. 남아 있던 재료로 해 준 것이니 절대 받지 못하겠다는 것이다. 말도 안 되는 이유였지만 그녀의 고집을 꺾을 수는 없었다. 줄 것과 받을 것에 대해 한 치의 오차가 없는 일본의 풍습에서 이 아줌마는 여태까지 눈물겹게도 조선 사람의 인심으로 남아 있는 것이다. 게다가 우리 일행을 전철역까지 비싼 택시비 들이지 않도록 자가용으로 바래다준다. 그리고 선물까지 전해 준다. 너무 고마웠다. 아줌마가 한국을 방문하면 우리 집으로 오시라고 단단히 약속을 하고 헤어졌다.

다음날 아이는 출근하고 둘째아이와 우리 부부는 관광에 나섰다. 나는 한번 다녔던 곳이지만 남편과 다시 나고야 성도 가고 인근 공원에도 갔다. 갑자기 큰 노래가 확성기로 들려와 돌아보니 일장기를 차 전면에 두르고 군가를 틀어 놓고 일부 사람들이 시위를 하는 중이었다.

그들은 제국주의 일본을 그리워하는 극우파 세력이었다. "아직도 쯧쯧…… 전쟁으로 인해 저도 망하고 아시아의 이웃나라와 국민들을 고통 속으로 몰아놓고도 그런 시절을 그리워하다니." 남편과 나는 혀를 차며 그들을 바라보았다. 저들의 가장 큰 문제는 전쟁을 범죄로 인식하지 않는다는 것이다. 오히려 전쟁범죄자들이 민족적 영웅이며 단지 전쟁에서 졌기 때문에 죄인 취급을 받는다는 인식이 강한 것 같다. 그래서 그들을 신으로 받들어 모시는 것이 아닌가. 일본 안에서의 민족적인 관점에서만 본다면 침략자들이야말로 제국의 확장이라고 할 수 있다. 하지만 침략 당하는 이웃나라를 생각해 보라. 그것이 얼마나 이기적 발상이며 도둑놈 심보인가.

둘째 아이의 말로는 대다수 국민들은 저런 생각을 좋아하지 않고 일부분이라는 말로 우리를 안심시켰다. 가끔 들여다본 일본에 대한 나의 협소한 느낌은 일본 문화는 상당히 여성적인 것 같았다. 물건들도 대체로 아기자기하고 '어머나' 소리가 나올 만큼 앙증맞게 예쁜 것이 많다. 그리고 사람들도 순종적이고 다정다감한 편이다. 그런 사람들이 어떻게 세계대전을 일으켰을까라는 것이 의문이지만 오히려 그런 순종적인 국민성 때문에 일부 극단적인 세력들에게 전체가 끌려간 건 아니었을까라는 것이 나의 이즈음 생각이다.

나고야 시내를 돌아다니다가 화려한 기모노 상점에서 발걸음을 멈추었다. 기모노의 아름다움에 감탄하고 있는데 남자 점원이 나오더니 들어와서 구경하란다. 사지 않는다고 손을 내저으니 한사코 들어오란다. 한국 사람임을 알아본 그는 딸에게 질문이 많다. 딸의 말에 의하면 그는 한국광이라는 것이다. 한국 배우를 전부 알고 있었고 최근의 드라마나 영화는 비디오를 빌려다 다 봤더라는 것이다. 한국에 대해 무척 호기심이 많은 이 친구는 한국 문화에 대해 이것저것 물어보더니 딸에게 기모노를 입어 보란다. 돈이 없어 절대 사지 않으니 그런 친절은 사양하겠다고 했는데도 좋은 추억을 만들어 주겠다며 한사코 입혀 본다. 보통 기모노의 값은 우리 돈으로 백만 원 이상이다. 속으로, 아니 저렇게 단순한 옷이 왜 그렇게 비싼가 하고 생각했다.

둘째아이는 스타일이 좋아서 화려한 기모노를 입혀 놓으

니 잘 어울렸다. 그들과 같이 사진도 찍고 즐거운 한때를 보냈다. 이들이 이렇게 지나치게 친절한 것도 사실 한류열풍 덕이다. 한국 팬이었던 점원 덕에 기모노를 입어 보는 호사를 누렸던 것이다. 시내를 돌아다니다 보면 아직도 겨울 연가 포스터가 게임장 같은 곳에 붙여 있는 것을 가끔 볼 수 있어 한류열풍이 식지 않았음을 보여 준다. 한류열풍이 오래오래 지속되었으면 하는 마음이 간절하다.

4일간의 일본 일정을 끝내고 아이와 작별하는 시간이다. 아이와의 이별은 언제나 슬프다. 채워지지 않는 아쉬움으로 아이와 헤어져야 한다. 다 컸다고는 하지만 늘 가슴 한구석이 얹힌 것처럼 걱정이다. "집에서 해 주는 밥을 먹여야 하는데……." 괜한 걱정일망정 마음 한구석이 아리다.

아이는 언제인가 집으로 돌아오리라. 비록 떨어져 있지만 치안이 비교적 안전한 나라, 그리고 사람들이 친절한 나라, 선진국인 일본에 있다는 것에 위안하며 비행기로 오르는 내 마음을 달래었다.

수건을 접으며

　　장롱을 정리하다가 쌓여져 있는 수건을 보았다. 꺼내면서 하나하나 다시 펼쳐 본다. 평범한 수건이 있는가 하면 화려한 벚꽃이 그려져 있거나 대나무 숲에 호랑이가 의젓하게 있는 제법 큰 타월도 있다. 색상과 무늬가 다양한 수건들은 모두 공짜로 받아 온 것들이다. '○○연합회 야유회 기념', '○○회 춘계 체육대회 기념' '제○회 근로자의 날' 등 수건에 쓰여 있는 사연도 가지가지이다.

　　웬 수건이 그리도 많은지 장롱은 그동안 모아 놓은 수건들을 꾸역꾸역 토해 놓는다. 다 꺼내 놓으니 이불을 두어 개 포개 놓은 보따리만큼 크다.

　　신혼 때부터 모아 놓은 것이나 다름없어서 30여 년 가까이를 모았나 보다. 유독 수건이 많은 것은 남편의 직장이 '○○공단'이라는 공동체여서 여러 회사를 많이 상대하는 곳이다 보니 그렇게 되었다. 그 많은 회사들이 행사를 할 때에 기념으로 제작한 것을 보내온 것들이다. 게다가 무엇이든 잘 버리지 않고 모아 두는 내 습관도 한몫을 한 것이다. 큰 상자에 꼭꼭 챙겨 넣었더니 세 상자나 된다. 수건을 앞에 놓고 무엇을 할 것인가 곰곰이 생각해 보았다.

요양시설에 기증하는 게 가장 좋을 것 같았다. 적은 금액이나마 후원금을 보내 주고 있는 요양시설에 전화를 걸었다. 그곳에서는 내 의도를 반갑게 맞으며 가지러 오겠다고 한다.

전화를 끊고 생각하니 괜히 후회가 되는 것 같았다. 주기로 약속을 했는데도 마음은 찜찜하다. 여태껏 모아놓은 이 수건을 다 줄 필요가 있을까? 라는 생각, 이것들은 품질 좋은 면제품이므로 이것저것 짜 맞추어서 예쁘장하고 작은 차렵이불이라도 만들 수 있으리라는 생각, 아무리 공짜로 얻은 수건이지만 그동안 차곡차곡 모아 놓은 정성이 아깝다는 생각, 머릿속에서는 갑자기 솟아나는 궁리로 심란해지기 시작한다.

똬리를 틀고 있던 뱀이 고개를 들듯 내 머릿속은 그냥 주어 버리기에는 아쉽다는 욕심으로 가득 찬다. 다시 박스 속에서 괜찮은 수건을 꺼내기 시작한다. 볼수록 아깝다. 개중에는 멋진 무늬가 새겨진 큰 타월도 있지 않은가. 마치 경쟁이라도 하듯 만들어서 기념으로 돌린 수건들은 한결같이 품질이 상등품이다.

꺼내 놓고 보니 다시 심란하다. 이것들을 이어 맞추어서 이불을 만들겠다고? 지금 있는 것도 많아서 버리고 싶을 지경인데 또 만든단 말이야? 다시 생각해 보니 괜한 짓이지 싶다. 다시 주섬주섬 수건을 집어넣는다. 그런 내 모습이 마치 욕심 많은 팥쥐 엄마처럼 제가 먹으려니 싫고 남 주려니 아까운 꼴이다.

금방 올 것 같았던 요양시설에서는 이내 오지 않는다. 그러는 사이 내 마음만 더욱 심란해진다. 두툼하고 큰 타월들만 골라서 넣었다 빼었다 해 본다. 그러다가 며칠이 지난 후 요양시설에서 수건을 가지러 왔다. 나는 미련 없이 몽땅 주어 보내고 나니 갈등도 사라졌다.

수건이 가고 난 후 곰곰이 생각해 본다. 평소에 내가 즐겨하는 말이 있다. 남은 재산은 사회에 환원하고 가리라는 것이다. 수건을 계기로 내가 했던 말을 되돌아본다.

나는 과연 남은 재산을 남들 앞에 내놓고 세상을 하직할 수 있을까. 그럴 수 없을 것 같다. 하찮은 수건도 주기 싫어서 발발 떨다가 주어 보냈고 평소에 구두쇠인 내가 애면글면 모아 놓은 재산을 몽땅 사회에 헌납하고 그렇게 가 버릴 수 없을 것이라는 생각이 들어 또다시 심란하다.

이런 일화가 생각난다. 나의 외갓집에 오촌 아저씨되는 분은 평소에 지독한 노랑이였다. 그는 남에게 주는 것을 무척 싫어했을 뿐만 아니라 자기가 가진 것이 알려지는 것도 싫어하던 노인이었다. 한평생 돈을 모으느라 자식에게도 공부마저 제대로 가르치지 않았고 매사에 인색하여 남에게 인심을 잃고 살았다. 그렇게 구두쇠였던 탓에 꽤 많은 재산을 모으게 되었다. 그는 늙고 병들어 죽음을 눈앞에 두게 되었다. 이미 시아버지의 죽음을 예감한 며느리가 "아버님, 먼 길 가시는 길에 노잣돈이나 하세요." 하면서 금일봉을 전해 주었다. 노인은 그 액수가 얼마나 되는가 궁금하여 이미 쇠잔할 대로 쇠잔한 육신임에도 벌벌 떨리는 손으로 지폐를 세기 시작했다. 그런데 갑자기 누가 들어오느라 병실 문이 열리자 노인은 허둥지둥 그 돈을 자리 밑으로 감추었다. 이미 자신의 죽음을 눈앞에 두고도 그 돈에 대한 욕심을 놓지 못한 것이다. 아집과 탐욕을 죽을 때까지도 놓지 못하는 인간 모습의 한 전형이다. 노인이 죽은 후 그토록 애면글면 모아 놓은 많은 재산을 두고 자식끼리 아웅다웅 다투다가 모두 사이가 멀어졌더라는 뒷이야기를 들었다.

이 일화를 곰곰이 생각하다 보면 재산이란 살아 있을 때만 소중할 뿐 죽은 후에 무슨 소용이 있는가 하는 단순한 진리에 다다른다. 나 역시 죽음이란 실체가 지금은 남의 일처럼 생각되어 죽은 후에 재산을 사회에 환원한다느니 어쩐다느니 잘도 나불대지만 막상 죽음을 눈앞에 두고서도 그럴 수 있을지는 의문이다. 어쩐지 나도 그 노인처럼 그럴 것만 같다.

사실 우리의 재산이라 해 봐야 별것도 아니다. 은행 융자가 한 푼도 걸려 있지 않은 제법 알토란 같은 집 한 채, 거

기다 약간의 동산.

나의 이런 소망을 두고 딸애는 제법 정색을 하며 대든다.

"엄마가 재산 안 물려주면 우린 어떻게 해? 엄마 아빠 덕에 좀 편해지려는데 재산을 그렇게 사회에 다 주고 간다는 말이에요?"

나는 딸애를 물끄러미 바라보다가 이런 말을 한다.

"얘야, 그렇지 않아도 욕심 많은 내가 그럴지 안 그럴지 기약할 수 없는데 너마저 반대하면 나는 어쩐단 말이냐?"

나의 물음에 여전히 딸은 볼멘 목소리다.

"자식이 가난한데도 몽땅 남에게 주고 가겠다는 말이에요?"

"만일 내가 죽을 때 너희들이 너무나 가난하면 아무려면 그냥 가겠니. 조금은 너를 주고 가지만 나머지는 사회에 환원하고 간다."

내말에 딸은 여전히 비웃는다.

"그럴 거면서 엄마는 왜 그렇게 욕심이 많고 구두쇠에요? 지금도 재산을 모으지 못해서 안달을 하잖아요. 몽땅 주고 갈 거라면서 왜 그러는데?"

딸은 나를 자꾸 질책한다. 나는 잠시 할 말을 잊는다.

(정말 그렇구나, 죽은 다음에 소용없을 거라면서 나는 왜 그렇게 인색한가.)

잠시 후 나는 딸애에게 이렇게 말한다.

"얘야, 내가 구두쇠인 건 내 취미생활의 일종이야. '재산

모으기' 이런 건 취미로 하면 안 되는 거니? 꼭 물건만 모아야 취미니? 나는 취미생활을 즐기듯 여전히 구두쇠 노릇을 할 거야. 그렇게 살다가 마지막엔 재산을 기증하고 갈 거야."

나는 나 자신을 변명하듯 합리화하려는 듯 딸에게 당당히 말해 본다. 그리고 나서 내가 한 말을 곰곰이 되새겨 본다. 아무리 해도 부담 안 되고 돈 안 드는 말이라고 납실납실 잘도 지껄이지만 정말 내가 말한 대로 할 수 있을까. 여전히 구두쇠로 살지언정 기증할 수 있는 곳에 재산을 기꺼이 주고 갈 수 있을까?

사회에 환원한다는 것, 그건 아마도 여러 사람에게 진 빚을 다소라도 갚고 간다는 의미일 수도 있겠고 나를 키워 준 이 세상에 대한 고마움의 표시일 수도 있겠다. 사회에 환원한다는 막연한 소망보다 기꺼이 내놓고 갈 수 있는 곳에 두고 갔으면 좋겠다. 수건을 모았을 때도 무심코 주어지는 거여서 모았겠지만 하나의 취미였을 것이다.

흔하게 공짜로 얻어지는 수건이라고 한 장이라도 허술하게 버린 적은 없었다. 날깃날깃 헤어질 때까지 쓰고도 마지막에는 걸레로 쓰다가 버렸다. 그렇게 아끼다가 진정으로 수건이 필요한 곳에 보냈듯 미련두지 말고 재산을 기증하고 갈 수 있었으면 좋겠다. 수건을 보낼 때처럼 갈등하지 말고 기꺼이 내어놓고 편안히 떠날 수 있었으면 좋겠다. 정말 그럴 수 있기를 소망해 본다.

안뇽하쎄요

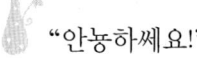 "안뇽하쎄요!"

교실에 모여 앉은 태국인들은 서투른 우리말로 모두 씩씩하게 인사한다. 나도 활짝 웃으며 강의를 시작했다.

난생 처음 외국인들에게 '한국문화의 이해'를 강의하는 것이다. 강의를 받는 사람들은 태국인 취업연수생들이다. 한국에 도착하자마자 연수원에 입소하고 이박삼일 일정으로 연수를 받게 된다. 이들은 여러 가지 교육을 받는데 그중 한 과목인 '한국문화의 이해'를 내가 맡아 강의하는 것이다.

인원은 80명씩 3개 반이 있어서 나는 모두 12시간 강의를 이틀에 걸쳐 하게 된다.

긴장을 풀기 위해 비디오테이프를 먼저 틀었다.(수강생들이 긴장하는 일이 있던가. 순전히 내 긴장을 풀기 위해서다)

강의용 20분짜리 비디오테이프의 내용은 우리나라에 대해 개괄적이고 간략한 소개가 담겨 있다. 제1장은 '한국의 지리와 기후'로 되어 있고 제2장은 '한국의 문화'로 되어 있는데 한국인의 사고와 정서, 그리고 유적 및 유물의 소개 등이 간략하게 나와 있다. 제3장에 이르러서는 '한국인의 생활'이 소개되어 있다.

비디오 상영이 끝난 후 강의를 하기 시작했는데 "아아, 이럴 수가!" 그들은 전혀 한국어를 알아듣지 못했다. 궁여지책으로 "캔 유 스피크 잉글리시?" 하고 물었더니 그중 한 사람이 "예스 아이 엠" 하고 답한다.

그들은 오기 전에 한국어를 조금 배우고 오는데 겨우 자음 모음 깨우치고 인사말 정도만 할 수 있을 뿐이다. 배운 건 그보다 많겠지만 회화가 어디 단번에 되는 것인가. 그들이 말을 못 알아듣는 건 당연했다.

한국어를 전혀 알아듣지 못하는 그들, 태국어를 전혀 하지 못하는 나.

그나마 내 콩글리시 발음도 그들에겐 통할 리 없다. 안 되겠다 싶어 같은 내용의 비디오를 다시 틀었다. 다행히 비디오에는 태국어로 자막이 나오고 태국어로 설명된다. 그러나 그것도 좋은 방법일 수는 없었다. 태국어로 듣고 난 후 전달도 안 되는 한국어로 무엇을 설명해 줄 수 있다는 말인가.

알아듣지 못하는 수강생도 멍하지만 강의자의 입장은 또 얼마나 비참한 것인가. 내가 아무리 얘기해도 전달이 안 된다는 것을 새삼 인지하는 순간 잘하고자 하는 내 의지는 순식간에 무너지고 말았다. 기가 막혔다.

겨우겨우 50분 강의를 마치고 10분 휴식하는 동안 다시 마음을 고쳐먹는다. 이번엔 무슨 수를 써서라도 잘해야지. 암 잘할 수 있고말고…….

두 번째 강의 시간이 되어 씩씩하게 들어서는 나. 그러나 강의 시작이 20여 분이 흐른 후 다시 멍해 있거나 딴청을 하는 수강자를 보는 순간 잘해 보고자 했던 내 의지는 다시 와르르 무너지고 만다.

강의를 시작하기 전에 교육부 관계자 I 씨는 "외국인에게 어떻게 강의 하는가?"라는 나의 질문에 "비디오테이프나 슬슬 틀어 주면 될 겁니다."라고 말했었다. 나는 그의 말만 믿고 참 여유만만했던 것이다. 한 시간이 끝난 후 "어떻게 해야 하는가?"라는 나의 절박한 질문에 I 씨는 "태국어로 하든지 뭐, 알아서 하시오."이었다.

그렇다고 20분짜리 강의 테이프를 가지고 4시간이나 되는 한국문화의 이해 시간에 똑같은 걸 계속 틀어 줄 수는 없지 않은가. 이반 저반 다니며 4시간 동안 좌절하다가 다시 생각을 고쳐먹는다.

"이래선 안 되겠다. 가장 문제가 되는 건 소통의 문제다." 라고 생각하고 그들에게 다른 방법으로 가르쳐야겠다고 생각했다

우선 '짧은 문장으로 말하기' 그리고 그걸 칠판에 써 주기. 한글로 읽는 것은 뜻을 몰라도 대략 이들이 잘한다. 그리고 중요한 단어는 영어로도 칠판에 써 주기. 거기다 손짓과 발짓을 곁들이기. 마치 세 살 정도의 어린이를 가르치는 것 같았다. 이렇게 하자 어느 정도 전달이 되는 것이다. 아마도 원맨쇼에 가까웠을 것 같다.

그 후부터 그들도 흥미를 느끼고 집중을 하게 되고 나도 점차 재미있어졌다.

휴식시간에 다른 과목을 강의했던 선생들과 이런 말도 나누었다. "나라는 잘살고 봐야 한다. 우리나라 사람도 예전에는 저런 고생 많이 했겠지?" 서로 이심전심이 되어 고개를 끄덕거렸다.

참 맞는 말이다. 저개발 국가를 여행하면서도 그런 생각 참 많이 했다. 열악한 환경에서 생활하는 그들. 나는 소위 국적발(?)이 받쳐 주는 선진국 국민이었던 것이다. 1960년대에 태국은 우리나라보다 GNP가 3~4배나 많았던 나라이다. 그러나 2003년 기준으로 GNP는 한국이 1만 3,000달러, 태국은 2,037달러에 이른다. 얼마나 격세지감인가. 그만큼 우리나라의 경제발전 속도가 빨랐던 거다.

태국인 취업연수생들의 모든 일정이 끝나는 건 토요일 2시경.

그들을 데리러 중소기업에서 오기로 되어 있었다. 이들은 원래 고용허가제로 들어와서 어느 직장으로 가게 될 건지가 이미 결정이 된 상태로 온다.

수업이 끝나자마자 우르르 몰려드는 중소기업 사장 및 관계자. 연계된 이들을 따라가는 태국인들.

이미 예정된 스케줄이었지만 이들을 바라보는 나는 마치 닭 쫓던 개 지붕 쳐다보는 기분이 되었다고나 할까. 아니 왠지 콧날이 시큰해졌다. 짧은 기간이지만 애를 쓰면서 가르치려고 했던 것 때문이었을까? 내 감상적인 기분 때문이었을까. 마치 내 가족을 내주는 듯한 슬픈 느낌이 들었던 것이다.

20대의 젊은이가 대부분인 이들은 아마도 작은 공장이나 3D업종에서 강도 높은 노동에 시달릴 것이다. 어차피 기업 경쟁력 때문에 저임금, 열악한 노동환경에 시달리게 되더라도 인간적인 멸시나 무시를 당하지 않았으면 하는 게 간절한 내 소망이다.

좋은 사장을 만나면 그래도 다행이지만 나쁜 사람을 만나 마음고생까지 하게 될지도 모른다는 생각에 한동안 우울한 기분을 어쩔 수 없었다. 나는 이들을 데려가는 사람들의 표정을 유심히 살핀다. 다행히 업주들의 표정이 대체로 밝다. 어떤 사람은 마치 자식을 대하듯 등을 토닥이며 손을 잡고 데려가기도 한다.

코리언 드림을 안고 한국에서 3년간 일하게 될 그들.

모두 무사히 일을 마치고 돈을 벌어 고향으로 돌아가게
되기를……

　"여러분이 모두 행복하길 진심으로 빈다."라는 그들에게
했던 나의 마지막 인사가 실현되길 마음속으로 빌어 본다.

조선족

조선족이란 명칭은 중국 내에서 우리 동포를 일컫는 말이다. 중화민국이라는 56개 소수민족으로 이루어진 국가에서 다른 민족과 구별되는 명칭인 셈이다. 한국에서 조선족이라고 불리는 것은 적절치 않으며 때로는 내국인과 차별하는 명칭이 된다는 이유에서 대신 중국교포라고 불러야 한다는 것이다. 하지만 나는 개인적으로 조선족이라는 명칭을 좋아한다. 왠지 조선족이라고 부르면 우리가 잃어버린 옛 정서를 갖고 있을 것 같은 느낌을 전달하기 때문이다.

이들 조선족은 선조가 중국으로 이주한 사람들의 후손이다. 이주의 연유는 여러 가지가 있다. 조선 말기나 일제 강점기에 이 땅의 가난과 배고픔에 못 이겨 두만강을 건넌 이도 있고, 일제 강점기 때 중국에서 독립운동을 하다가 해방된 조국에 돌아오지 못하고 있게 된 경우도 있다고 한다. 이들은 중국 땅에서 조선의 문화를 지키고 조선말을 사용하고 있다. 중국 공민의 평균 학력이 6년이라고 하지만 조선족의 평균학력은 9년이라고 한다. 교육열 세계 최고라는 민족의 자손답게 교육열도 중국 소수민족 중에서는 최고라고 할 수 있다.

중국의 개방화 이후 중국동포들도 밥 세끼만으로 만족하던 시대는 지났다. 이웃이 들여놓은 번쩍이는 가전제품이 부럽고, 친구가 누리는 문화생활을 나도 누리려면 돈이 필요하다. 자식도 남 못지않게 교육시키려면 역시 돈이 있어야겠기에 그들은 한국행을 결심한다. 그렇다고 그들이 쉽게 한국에 올 수 있는 것은 아니다. 무엇보다 이곳에 연고가 있어야 친척방문으로나마 올 수 있었던 것을 최근에는 무연고 동포를 위한 제도로 한국말 시험을 보고 추첨을 통해 올 수 있게 되었다. 그렇지 않으면 막대한 웃돈을 주고 브로커를 통해 입국하기도 한다. 그러나 모처럼 방문한 같은 민족의 국가에서 그들을 기다리는 건 중국에서는 겪어 보지 못한 강도 높은 노동과 차별대우이다.

이들에게 한국에서 취업할 수 있는 자격이라는 게 3D업종으로 제한된다. 대부분 음식점 종업원, 제조업 근로자 혹은 건설현장 노무자로 일할 수 있다. 그가 중국에서 무슨 일을 했던 마찬가지이다. 이런 것들은 국내 고용시장 안정을 위한 노동부의 정책 때문이다. 이들 때문에 한국인의 일자리

가 얼마나 잠식당하는지 모르겠지만 어쨌든 동포를 하대한
다는 것만은 사실이다. 요즘은 방문취업제라는 제도가 새로
생겨 한국 취업 후에도 마음대로 중국을 오갈 수 있는 등 그
들의 편의가 많이 개선되었지만 역시 여러 가지 제약이 따
른다.

내가 이들과 인연을 맺게 된 건 한국에 온 이들 취업연수
생에게 하는 강의를 맡으면서였다. 내가 강의하면서 느낀 점
은 이들은 타향살이라서 그런지 표정이 영 밝지만은 않다.
피곤한 그들의 얼굴에서 나는 아이러니하게도 70~80년대
농촌에서 무작정 도시로 올라왔던 이농인구의 표정을 읽는
다. 때로는 애틋한 마음이 일어난다. 이들의 선조가 당시 살
기 좋은 환경을 찾아 혹은 여러 가지 사정으로 중국으로 이
주했지만 이들은 자기 뜻과는 무관하게 국적이 바뀌었을 뿐
이다. 세월은 흐르고 형편은 역전되어 이제는 이곳으로 돈을
벌러 오고 있다. 설핏 이런 생각이 스치고 지나간다. 그렇다
면 미국으로 이주하고 싶어 안달하는 이들은 어떨까? 오랜
세월이 지난 후 중국동포처럼 고국으로 오고 싶어 할는지
미래는 아무도 모르는 것이리라.

56개 소수민족으로 이루어진 거대국가 중국에서 이들은
때론 정체성의 혼란을 겪기도 한단다. 국적은 중국이지만 민
족을 같이하는 나라가 있다는 이유로 일부 한족에게 "니네
나라가 옆에 있는데 왜 안 가니?"라는 눈총을 겪기도 한단

다. 이런 서러움에서 자신들의 부모님 혹은 선조의 나라 한국을 고국으로서 애정을 갖기도 하며 부푼 꿈을 가지고 한국으로 온다. 그러나 안타깝게도 한국에서 겪는 차별대우에 중국인으로 정체성을 가지며 돌아간다는 것이다.

이들에게 '한국문화의 이해'라는 과목을 강의한 지도 꽤 오래되어 간다. 이들을 가르치면서 느끼는 가장 큰 특징은 나이가 어릴수록 수업태도가 산만하다는 것이다. 아마도 이 것은 신세대의 특징이리라. 나도 이런 꼴은 받아들이지 못한다. 그래서 떠들거나 엎드려 있거나 하면 바로 지적을 해서 시정하도록 요구하기도 하고 때로는 어설픈 유머를 동원해 웃겨 주기도 한다. 수강자들은 때론 어린아이 같아서 조금 지루하다 싶으면 금방 산만해지기 때문이다.

젊은 연수생들은 한국에 대한 애정도 별로 없어 보였다. 대부분 돈이나 벌면 되지 하는 태도를 보인다. 그러니 수업태도가 좋을 리 없다. 그런 반면에 나이가 많은 분들은 수업태도도 좋고 한국에도 많은 애정을 갖고 있다.

20～30대 청년들로 된 반을 수업할 때였다. 사실 내가 가르치는 한국문화의 이해라는 과목을 이들이 얼마나 흥미로워하겠는가. 전통문화에 대한 것도 새로울 것이 없고 국적은 다르지만 같은 민족이라서 정서가 비슷하니 달리 가르쳐 줄게 사실 없다고 해도 과언이 아니다. 주최 측에서 가르치라고 한 자료를 강의하면 아마 다 졸고 있을 것만 같다.

나는 대신 이런저런 이야기를 하게 된다. 불행하게도 이들은 한국의 역사에 대한 지식이 전무한 형편이다. 그래서 단군신화의 내용이며 삼국시대와 고려, 조선의 역사까지도 단편적이나마 강의를 하게 된다. 자연히 고구려 역사가 나오고 발해가 등장한다.

연수생 중 누군가가 "고구려와 발해는 중국의 지방정권이라 하던데요?" 하면서 의문을 제기한다. 나는 그에 대해 고구려는 중원의 한족에 대항하는 강력한 정권이었다. 중국의 지방정권이라면 수나라와 당나라가 왜 그토록 고구려를 멸망시키지 못해 안달했겠는가. 수나라가 왜 멸망한 줄 아는가? 고구려를 침략하다가 대패해서 당나라로 교체되었지 않느냐? 라는 말을 한다. 중국의 지방정권이라니 천부당만부당하다는 걸 설명한다.

나는 나대로 이들에게 민족정신을 일깨워 주고 우리나라를 사랑하게 하고 싶다는 강한 욕심에 시달린다. 하지만 그건 과욕이라는 것을 안다. 그들은 중국에서 나고 자랐으므로 중국에 대해 깊은 애정을 갖고 있는 사람들이므로 우리나라를 조국으로 사랑하기 바란다는 것은 어림없는 일이다. 이들의 마음을 다치지 말고 양쪽 국가를 사랑하도록 해야 한다는 것으로 나 혼자 결론을 내린다.

이런저런 얘기 끝에 내 강의는 '문화의 이해'와는 한참 빗나가서 북한을 걱정하는 지경에 이른다. 북한정권이 무너지면 중국에서 흡수하려 한다는 소문이 있다는 말에 오히려 반색하는 청년들, "그렇게 되면 더 좋지요." 한다.

갑자기 머리가 핑 돌아 버릴 것 같다. 나는 끓어오르는 감정을 억제하기 위해 숨을 고른 후 잠시 후 입을 뗀다.

"그런 일은 있을 수 없습니다. 남의 민족에 속하다니요. 우리가 어떻게 지켜 온 역사인데 중국에 흡수된다는 말입니까? 오천 년 역사가 그냥 있는 줄 아십니까? 북한이 흡수되고 나면 그럼 좀 있다가 남한이 흡수될 차례군요." 이들은 오히려 그것도 좋겠다는 반응이다.

("아니 이런 떼놈들 같으니!") 나는 속으로 부아가 터지는 걸 가까스로 참고 극도로 감정을 자제하려고 노력한다. 아프게 이어져 온 오천 년의 세월을 그들이 안다면 그런 말을 할 수는 없을 것이다.

교육의 힘이란 무서운 것이다. 철저한 중화교육이 그들을 중국인으로 변모시켰다면 과장일까? 그러는 사이 휴식시간이 된다. 10분 휴식 후 다음 수업시간이다.

이제부터 나의 유치한 보복(?)이 시작된다. "제가 인도를 여행했을 때에요. 인도 다람살라라는 곳에 티베트의 망명정부가 있더군요. 티베트 망명정부의 수장 달라이라마는 인품이 높은 고승으로서 많은 이들의 존경을 받고 있어요. 세계 각국의 지도자들과 교류하고 있으며 아마 티베트는 독립을 하게 될 겁니다."

중국동포 청년들은 갑자기 내게 대든다.

"선생님, 서장(티베트)은 원래 중국이었습니다. 그건 중국 땅이었어요!"

(흥, 내 그럴 줄 알았다.)

"여러분, 티베트가 중국이라고요? 엄연히 역사가 다르고 민족이 다른데 어떻게 중국입니까? 원나라가 복속시킨 걸 말하는 겁니까? 칭기즈 칸은 유럽제국까지 점령했던 제왕입니다. 그럼 동유럽까지 중국이 점령할 근거가 되겠군요."

싸늘하게 일침을 놓는다.

"그건 다르지만……."

"그럼 어디 말해 볼까요? 일본이 우리나라를 식민지로 만들었습니다. 그럼 조선이 원했던 일입니까? 당시 조선은 허약했고 그들은 조선을 개명시킨다는 명분으로 강점했습니다. 티베트를 점령한 것도 민중해방을 위해서였다고요? 어느 민족이 남의 민족에게 지배당하길 원합니까? 일본이 중국 대륙을 침략했을 때를 생각해 보세요. 어느 중국인이 그걸 원했던가요? 지금도 그래서 중국인들은 일본이라면 치를 떠는 거 아닙니까? 그런데 북한이 중국에 속해야 한다고요? 남한도 마찬가지라고요? 여러분이 그렇게 말해야 합니까? 그런 일은 있을 수도 없고 그런 일이 생긴다면 모두가 불행해질 겁니다. 여러분은 비록 국적이 다르지만 분단되어 있는 이 나라의 슬픔에 대해 깊이 이해해야만 하는 같은 동족입니다."

약간 자제력을 잃긴 했지만 할 말 다하고 나니 속은 시원했다.

곰곰이 생각해 보면 민족이니 나라니 운운해서 구분해야 할 필요가 있을까? 중국이 나라가 다르다고 해서 얼마만큼이나 다를까. 아마도 동북아시아인은 형제간이나 다름없는 혈연관계가 아닐까. 우리의 문화가 대부분 북방으로부터 왔다고 볼 때에 중국인과 어찌 남이겠는가. 옛 고구려가 여진족의 땅이 되고 그 여진족이 한족에게 흡수되었을망정 청나라를 일으켰으니 올라가다 보면 그들을 남이라 할 수 없을 것이다. 우리와 너무나도 닮은 동북아 중국인들의 얼굴이 그것을 증명한다. 그러할지라도 현 시점에서 남의 민족에게 흡수되거나 동화될 수는 없는 일이 아닌가.

단지 편 가르기를 위한 민족주의는 그 의미가 협소할 수밖에 없다. 협소한 민족이기주의에 집착하는 것만큼이나 그들이 자기들만이 세계의 중심이라는 협소한 중화주의에 빠져 있지 않기를 나는 원한다.

민족주의를 이기주의적 상상의 공동체라는 것으로 치부한다면 민족주의를 강조하는 건 편협한 발상이랄 수도 있다. 그러나 우리가 약소국인 이상 그리고 분단이 지속되는 한 민족주의를 강조할 수밖에 없지 않은가. 우리가 민족주의 운운하는 건 丁선생의 말대로 강대국에 대항하는 방어적 민족주의라 할 수도 있다.

고구려가 중원의 문화와 다른 것이듯 우리는 그들과는 독자적으로 다를 수밖에 없고 여태껏 지켜 온 문화이기에 독자적으로 가야 한다. 우리가 일본에게 겪었듯이 다른 민족이 다른 민족을 지배하게 될 때 평등이란 게 존재하는가? 절대로 있어서도 안 되고 있을 수도 없는 일이다.

　그들이 폭넓은 시각으로 양국을 이해하고 사랑하기를 그리고 더 나아가 동북아시아의 번영과 평화에 좋은 끈이 되어 주기를 소망한다.

인종차별

얼마 전 딸애는 일본인 친구가 와서 한국 관광 안내를 한 적이 있었다. 그런데 일본인과 다니면 사람들이 더 친절하단다. 외국인이라는 걸 알면 아주 호의적인 반응을 보이면서 싸게 해 주기도 하고 덤을 얹어 주기도 한단다. 그 말을 들은 나는 흐뭇했다. "그것 봐라. 우리나라는 예로부터 손님에게 잘하는 좋은 풍습을 가지고 있단다." 하고 자랑스럽게 말했더니 딸은 그런 나를 비웃으며 "흥, 우리나라 사람이 친절하다고요? 그렇다면 가난한 나라 사람에게도 그러한가요?"하고 날카롭게 반문한다. 나는 "물론이지" 하고 답했더니 "엄마, 그런 말 하지도 말아요. 내가 아르바이트를 할 때 종업원들이 피부가 검은 민족이나 근로자로 일하는 외국인을 사람 취급도 안 하고 얼마나 푸대접하는 줄 알아요? 그렇다고 그 사람들이 공짜로 먹는 것도 아닌데

같이 아르바이트를 하는 아이들이 함부로 무시하고 손가락
질하고 그랬다고요. 나는 그들에게 정말 미안하고 속상했어
요." 하면서 항의한다. "아무려면 그랬을려구……." 나는 풀
이 죽어 대답하면서 제발 사실이 아니기만을 바랐다.

이 땅에서의 인종차별주의, 이런 현상은 어디서부터 기원
하는가? 한국은 대체로 민족주의가 강한 땅이다. 다시 말한
다면 이민족에 대해서 배타적이라는 말도 된다.

36년의 식민지 경험, 그리고 외세에 의한 분단, 광주 민주
화 운동 이후 확산된 반 외세주의의 영향과도 무관하지 않다
고 하겠다. 아마도 타민족에 대한 배타성은 20세기 한국인
들이 이민족에게 당해야 했던 수난의 결과일 수도 있겠다.

그러나 이민족에 대한 배타성도 이중적 구조로 나타난다.
소위 선진국에서 온 외국인에게는 필요 이상으로 친절하고
가난한 나라에서 온 외국인에게는 깔보고 무시하는 듯한 이
중적 구조를 지녔다. 그러나 곰곰이 돌이켜보면 민족적 수난
을 당해야 했던 가해당사국은 소위 선진국인 나라들이고 우
리가 낮추어 보는 후진국 사람들은 우리에게 피해를 준 적
이 없다. 그렇다면 호된 시어머니에게 당한 며느리가 다시
못된 시어머니로 돌변하는가?

따지고 보면 가난한 나라에서 온 외국인 근로자는 지난날
우리의 모습에 다름 아니다. 70~80년대 가난 때문에 서러
웠던 시절, 한 푼의 외화를 벌어들이기 위해 세계 어느 곳이

라도 마다하지 않고 달려가던 우리의 과거를 그들에게서 발견한다. 이 때문에 그들은 남이 아닌 바로 우리인 것이다.

일반인들이 문제의식을 갖고 개선하지 않으면 외국인들은 피부색과 국적에 따른 차별을 겪을 수밖에 없다. 나와 우리가 소중하듯이 어떠한 민족이나 국가도 나만큼 소중하다는 인식에서 출발할 때 상대방에 대한 포용과 다문화에 대한 문화적 감수성을 받아들일 수 있을 것이다. 특히 자라나는 어린 세대들에게 인권에 대해 문제의식을 갖도록 꾸준히 홍보하고 교육을 추진할 때만이 가까운 미래에 이를 개선할 수 있으리라 믿는다.

함께 차리는 밥상

쌀쌀한 바람이 목덜미를 훑고 지나가는 10월의 한 자락에서 우리는 '함께 차리는 밥상'이라는 주제로 인도네시아 인의 집을 방문하였다. 외국인 근로자들을 대상으로 하는 봉사센터에서 한국어를 가르치던 때였다.

내가 그동안 인도네시아에 대해 알고 있었던 것은 적도 근처에 위치한 나라라는 것과 여행사에서 요란하게 떠들어 대던 '환상의 섬 발리'가 있는 나라라는 것이 고작이었다.

공교롭게도 내가 가르치는 고급반 학생 중 3명이 인도네시아 인이었는데 3명 모두 한국어 공부에 열심이었고 한국에서는 5년을 생활한 베테랑들이다. 나는 그들을 통해 인도네시아에 대한 정보를 조금씩 알게 되었다. 이들은 종족이 다양하고 전부 무슬림(이슬람교)이다. 그들 말에 의하면 흑인인 종족이 있고 우리 같은 몽골리언이 있고 인디아나 방글라데시 인처럼 약간 유럽종에 가까운 종족이 있다고 한다.

그들과 수업 중에 문화에 대한 차이를 이야기하는 경우가 종종 있었다. 그들은 설날이나 축제일에 일반적으로 축원하는 말이 '오래 사세요.'인데 그걸 어린 아기에게도 한다는 것이다. 배우는 교과서 내용 중에 아기의 돌잔치에 관한 내용이 나오는데 아기에게 뭐라고 축하를 해 주겠냐고 그걸 한글로 쓰라고 했더니 '오래오래 살아라.'라고 써서 나를 웃겼던 것이다. 아마도 이들의 나라는 평균수명이 짧지 않을까라는 생각을 하였다.

18일 수업을 끝내고 우리는 전철을 타고 삼삼오오 짝을 지어 나들이 가듯 즐거운 마음으로 사카 씨의 누님 댁으로 향하였다. 사카 씨의 친누님은 아니고 같은 인도네시아 인 여자 6명이 공동으로 생활하는 곳인데 고맙게도 우리를 초대해 준 것이다.

우리 일행은 같이 공부하던 외국인 근로자 학생들과 자원봉사 교사들이었다. 방으로 들어서며 우리는 환성을 질렀다. 비록 상을 차리진 않았지만 음식들이 방안 가득 놓여 있었다.

씩씩한 수남 선생이 음식을 가장 먼저 집어 들었다. 닭튀김과 우리식 닭볶음탕도 있었는데 그건 인도네시아 이름으로 '아얌 봄부르쟉'이라고 불렀다. 여러 가지 야채가 놓이고 귤도 있고 바나나도 있고 알맹이가 엄청나게 큰 포도가 있었는데 인도네시아 산이라고 한다.

가장 눈길을 끌었던 건 꼬치요리였다. 닭을 작게 잘라 꼬치에 끼워서 굽고 겉에는 갈색 소스를 바른 거였는데 이름이 '샷데 아얌'이라고 한다. '아얌'이란 닭이라는 말이다. 원래는 양고기를 끼워 굽는다고 한다. 갈색소스는 땅콩을 작게 갈아 넣어서 고소하였다. 한국식 똥그랑땡 같은 모양의 전은 삶은 감자를 으깨고 속에 야채와 약간의 고기를 넣어 동그랗게 만들었다. 그건 '부르끄 델'이라고 부른다.

깻잎, 오이, 샐러리 등 몇 가지의 야채가 있었는데 고추장도 없이 소처럼 우적우적 씹으려니 영 내키지 않았다. 야채를 찍어먹는 소스를 찾으니 인도네시아에서는 생야채를 그냥 씹어 먹는다는 것이다. 할 수 없이 고추장을 그리워하며 야채를 먹었다.

인도네시아의 음료가 특별했는데 우유에 바나나와 삶은 고구마, 약간 매끄럽고 말랑한 과일을 넣어 끓인 것이었다. 달콤하고 향기가 좋았다. 이름은 더욱 특별했는데 '꼴랑깔리'였다. 항상 느끼는 것이지만 남의 나라 말은 되뇌기도 왜 그렇게 어려운지……. 프랑스어 '멜랑꼴리'(우울이라는 뜻)와 어감이 비슷하다는 이유로 우리는 죄 없는 인도네시아 음료를 '멜랑꼴리'라 고쳐 부르며 키득거렸다.

큰 접시에 노란색으로 물들인 밥은 카레로 볶은 것인가 물으니 그렇다는 것이다. 이름은 '라식 꾸닝'이었는데 강한 카레 향은 나지 않았다. 잡채는 우리나라 것과 거의 흡사했다.

나는 먹으면서 하나의 의문을 갖게 되었다. 어떻게 인도네시아 음식이 이렇게 거부감 없이 잘 맞을 수 있는가? 나는 열대의 향이 얼마나 강한지를 인디아 여행을 통해 잘 알고 있었다. 인도 카레는 우리가 먹는 카레와 아주 달랐으며 다양한 인디아의 맛살라 향은 도저히 접근할 수 없는 이방(異邦)의 것이었다. 나는 인디아 여행 중에 적응할 수 없었던 음식 때문에 굶기를 밥 먹듯 했고 덕분에 체중을 확 줄이는 행운(?)을 얻기까지 했다. 그런데 이곳에서 먹는 인도네시아 음식은 전혀 거부감이 없었다.

거기에 대한 답변은 역시 내가 생각한 대로였다. 향료는 거의 뺐다는 것이다. 우리가 먹은 건 사실 절름발이 인도네시아 음식인 셈이다. 우리는 아마도 전통의 인도네시아 음식을 먹었다면 전부 먹기 어려웠을지도 모른다. 그렇지만 인도네시아의 요리체험은 우리에게 특별한 경험이었던 것만은 틀림없다.

음식을 먹은 후 8시가 좀 넘은 시간에 우리는 모두 일어섰다. 음식을 만들어 준 분들과 얘기도 하고 감사의 마음을 전하고 싶었는데 그러기에는 장소가 너무 비좁았다. 게다가 음식을 먹은 후에 질펀하게 수다를 떨거나 놀고 싶어 하는 한국인에게는 좀 안 맞은 일정이었다. 아니나 다를까. 밖에 나가서도 갈 생각들을 안 하고 참새처럼 떠들었다.

그중에서 우리를 웃긴 건 사카 씨의 인사말이었는데 "이렇게 먼 데까지 와 주셔서 정말 고맙습니다."라며 가르쳐 주지도 않은 한국식 인사말을 정확히 구사하는 것이었다. 뜻밖의 어휘에 내가 놀라서 마구 칭찬했더니 텔레비전을 보니까 그렇게 하더라는 것이다.(사카 씨는 역시 내 제자야) L 선생은 기쁜 나머지 한술 더 떠서 "차린 것은 없지만 많이 드세요."란 표현도 가르쳐 주었다. 우리는 같이 떠들고 즐거워하는 가운데 작별을 고했다.

태백산맥을 읽고

요즘 세월 가는 줄, 시간 가는 줄도 모르고 지냈다. 바로 소설 '태백산맥' 때문이다.

10권이나 되는 대하소설을 읽기는 쉽지 않았다. 우선 바쁜 일정에 긴 시간을 내기 어려웠고 이런저런 일로 집중하기도 어려웠다. 그러나 짬짬이 쉬는 시간에도 책을 읽었고 밥을 먹으면서도, 전철 안에서도 심지어는 화장실에서도 책을 놓지 않았다. 뿐만 아니라 늘 켜 두는 컴퓨터도 켜지 않았고 켜더라도 메일만 슬쩍 보고는 후다닥 꺼 버렸다. 시간 낭비를 하지 않기 위해서였다. 그 책을 읽기 힘들게 했던 것은 눈의 피로였다. 예전 같지 않아 책을 오래 붙들고 있으면 눈의 피로가 심해서 책의 글자가 아른거리기 일쑤였다.

그럼에도 불고하고 내가 그 책에 그토록 몰두할 수 있었던 것은 우리가 제대로 알지 못하는 현대사, 그것도 남과 북에 얽힌 이데올로기의 역사적 진실 때문이었다. 그리고 조정래 선생의 그 힘찬 필치와 걸판진 입담에 스스로 작품 속으로 녹아 들어갔던 것이다. 10권을 단숨에 읽지 않으면 안 되게 하는 재미도 빠질 수 없는 이 책의 매력이었다.

분단과 남북전쟁⋯⋯ 그것에 대한 진실은 무엇일까. 6·25는 왜 일어났던 것일까. 사람들은 왜 공산주의자가 될 수밖에 없었던 것일까. 의(義)를 위해 그 실천을 믿고 자신의 몸을 산화한 사람들, 이런 것들이 고스란히 이 책에 담겨 있었다.

우린 철저하게 반공교육을 받고 자란 세대다. 공산당과 북쪽은 악마와 같으며 그들은 인간이 아니라는 교육을 우리는 자라면서 철저히 배우고 익힌 세대라고 해도 과언이 아니다. 그런 관점에서 본다면 이 소설은 그야말로 빨갱이 소설이 아닌가.

태백산맥을 읽기 전의 나의 생각은 공산주의란 세계를 휩쓴 하나의 물결이며 인간들의 시행착오였던 사상이 공산주의일 거라고 나름대로 결론을 내렸었다. 남과 북은 자본주의와 공산주의라는 양 체제 속에서 하나의 선택이었고 그것이 지나쳐 전쟁까지 갔던 것이라고 막연한 생각을 가졌었다.

그러나 이 소설은 우리가 현대사에서 그들이 공산주의를 택할 수밖에 없었던 사회적 현실과 그리고 공산주의자들이 무엇인지 그들이 어떤 역할을 했는지를 똑똑히 보여 주었다. 그렇다면 혹자는 "너는 공산주의가 옳다는 것이냐?"라고 물을 수도 있다. 물론 소련이 붕괴하고 중국이 공산주의를 버리고 세계적으로 사회주의제도가 실패한 이상 그 같은 물음에는 할 말이 없을 수밖에 없다.

여순반란 사건으로부터 시작되는 이 이야기는 벌교라는 공간에서 벌어지는 지주와 소작인들 간의 골 깊은 갈등이 그려진다. 가진 자와 못 가진 자의 갈등, 일 년 내내 땀 흘려 일하고도 굶주릴 수밖에 없는 억눌린 농민들의 분노와 억울함은 사회주의라는 이념으로 뭉쳐져 구체적인 힘을 이루었던 것이다. 한편 지주들과 일제의 앞잡이였던 반민족 세력들은 일본 대신 미국을 업고 그 힘을 유지하기 위해 온갖 방법으로 군림한다.

결국 민족세력과 반민족 세력의 갈등은 그 본연의 이념과는 별개로 사회주의와 자본주의의 갈등이라는 양상으로 나타난다. 그 속에서 개인들이 겪을 수밖에 없었던 고통과 갈등을 적나라하게 보여준다. 조정래 선생은 이 책에서 민족의 저력과 민초들의 끈질긴 생명력을 전라도의 질박한 토속어로 민족사의 모순을 집요하게 파헤치며 이야기해 나간다.

그들이 공산주의를 택할 수밖에 없었던 상황을 우리는 이 책을 통해서 알게 되었다. 그리고 어떻게 역사가 왜곡되어 왔는지를 이해하게 되었다. 더 많은 사람들이 이 책을 읽어 역사를 제대로 판단하고 앞으로 나아갈 길을 밝히는 일에 힘을 함께 했으면 좋겠다.

염상진 하대치 정하섭 김범우, 비극적 현대를 살다간 우리의 소설 속 주인공들은 우리 속에서 숨을 쉬며 살아있다. 분단이 지속되는 한 그들의 비극은 곧 우리들의 비극이며 우리가 이어나가야 할 우리들의 이야기다. 그들을 살려 내어역사를 밝혀 준 조정래 선생에게 무한한 감사와 존경을 바친다.

진정한 문학, 참된 문학은 역사를 변혁시키고 사회를 변화시킬 수 있다고 믿는 위대한 작가 조정래 선생은 '분단 문학의 최고봉'이라고 평가받는 『태백산맥』으로 인해 국가보안법 위반으로 고발당했고, 숱한 협박과 압력에 시달려 왔다고한다.

아무리 그러하더라도 이 소설이 태어날 수 있는 사회변화에 무한히 감사한다. 그런 변화야말로 북한을 능가할 수 있는 우리의 역량이 아닐까. 그런 만큼 앞으로의 사회적 변화와 민족에 대한 희망을 믿어 의심치 않는다.

이 땅의 모든 사람들에게 다시 한번 소설 태백산맥을 권하고 싶다.

무 제

나는 누워 있는 딸의 얼굴을 물끄러미 들여다보며 한숨을 포옥 내쉰다. 아이의 얼굴은 좁쌀 같은 여드름으로 가득하면서 붉게 상기되어 있다. 게다가 얼굴에 송골송골하게 온통 덮여 있는 여드름은 심술이라도 난 것처럼 잔뜩 곪아 있다. 그래서 아이는 잘 나다니지 않는다. 거리에 나가면 남의 눈에 뜨여서 민망하기 때문이란다. 얼굴뿐만이 아니라 몸도 많이 안 좋아서 하던 공부를 중단하고 집에서 쉬고 있다.

아이가 이렇게 된 이유는 병원에서 처방해 주는 약을 먹은 부작용 때문이다. 그 원인은 5년 전쯤으로 거슬러 올라간다. 아이는 친구를 따라 서울 신촌의 유명하다는 피부과를 가게 되었다. 친구가 여드름으로 고민을 해서 병원을 가게 되었고 아이는 단지 동행으로 가게 되었던 것이다. 의사는 동행했던 딸애의 한두 개 난 여드름을 보더니 친구와 같이 치료받기를 권했고 아이도 이에 동의하여 의사의 처방을 받게 되었다. 의사가 처방해 준 약을 먹자 여드름은 감쪽같이 사라지게 되었다. 아이는 만족했다.

그러나 그 이후 석 달이 지나자 여드름이 다시 나오게 된 것이다. 다시 나온 여드름은 그전처럼 한두 개 나던 여드름이 아니라 두 배쯤 더 나게 되었다. 놀란 아이는 다시 병원을 찾았고 같은 약을 처방받았다. 과다한 피지분비로 인해 여드름이 생기므로 피지를 억제해 주는 약이라는 것이다. 그렇게 반복하는 사이 여드름은 점점 더 심해졌다. 피부과는 매상을 올리기 위해 스케일링 시술(피부를 박피하는 시술)을 함께 권했고 아이는 비싼 스케일링 시술을 함께 받으며 약을 먹게 되었다. 그러나 약을 먹을 때는 감쪽같이 들어가던 여드름이 약을 끊고 2~3달 후면 예전보다 더 심하게 올라왔다.

시간이 갈수록 그 약은 피부에 좋은 작용을 하는 피지분비만을 억제하는 것만이 아니었다. 점차 소화도 안 됐으며 쉬 피곤해지는 등 여러 부작용을 같이 불러왔다. 게다가 장기의 기능도 차츰 나빠져 갔다. 아이는 부작용을 호소했지만 의사는 그 약은 끊기만 하면 부작용은 절대 없는 약이라는 말로 아이를 안심시켰다. 보험적용도 안 되는지라 한 달에 약값만 해도 기만 원씩 들어갔다. 불안해진 아이는 인터넷으로 약의 정보를 검색하게 되었다. 한 인터넷 카페에서 그 약을 오래 먹은 사람들이 부작용에 시달리는 것을 보았다. 불안해진 아이는 약을 끊기로 결심했지만 예전보다 훨씬 여드름이 심해지는 얼굴 때문에 그럴 수가 없었다. 그렇게 재발과 다시 약복용하기를 반복하는 사이 5년이라는 세월이 흘렀다.

이제는 그 약을 먹지 않으면 도저히 일상생활을 할 수 없을 만큼 여드름이 심해졌고 몸도 훨씬 나빠져만 갔다. 견디다 못한 아이는 부작용에 시달리더라도 언젠가는 견뎌야 할 것이라고 생각하고 약을 그만 먹기로 했다. 그 후 얼굴은 쳐다보기도 민망할 정도로 여드름으로 도배가 되었다. 본인의 괴로움을 말로 할 수 없었지만 약의 독성이 빠지면 좋아지리라 믿고 견디었다. 그러나 나빠진 몸의 피로는 여전했고 여드름은 1년이 지나도 사라지지 않았다. 병원이란 곳이 병을 낫게 해 주는 것이 아니라 병을 나게 하다니. 참 어이없는 일이지만 현실이 그러했다.

나는 아이의 병을 계기로 대체의학에 관심을 갖게 되었다. 그리고 혼자 이런저런 책을 읽으며 나름대로 공부를 해 나갔다. 그러던 중에 로버트. S 멘델존이라는 미국의 유명한 소아과 의사가 쓴 『나는 현대의학을 믿지 않는다』라는 책을 읽게 되었다. 이 책은 히포크라테스 선서를 충실히 따르며 현대의학을 숭배하던 한 의학도가 의학계의 중진이 되기까지, 성역화된 의료현장에서 느낀 분노와 회의를 담은 한 의사의 내부고발이자 양심선언이다.

이 책에서 멘델존 박사는 현대의학이라는 종교에 대해 맹신하지 말라고 경고한다. 멘델존 박사가 말하는 현대의학종교라는 주술에서 빠져나가기 위한 최선의 방법은 '왜'라는 질문을 해야 한다는 것이다. "왜, 이 약을 먹어야 하는가? 왜, 이 수술을 받아야 하는가? 왜, 이 치료가 필요한가?"

치료를 받더라도 의사에게 끊임없이 의문을 제기하며 시술을 받으라고 충고한다. 건강한 사람조차 병자가 되고 말듯한 위험한 의료행위들(과잉 투약, 불필요한 수술의 남발, 방사선의 과다한 사용 등)은 건강이나 행복한 삶에 아무런 도움도 되지 않는다는 것이 이 책을 쓴 박사의 주장이다.

이 책은 20여 년 전에 쓰였지만 지금도 상황은 크게 달라진 것 같지 않다. 나도 곰곰이 생각해 보면 여태까지 살아오면서 병원의 덕을 보기보다는 해를 더 많이 입었던 것 같다. 멀쩡한 사람 병자 만들기는 병원의 관행인가? 아이가 어렸을 때도 감기로 인해 병원에 데려갔다가 입원을 시키라고 해서 입원을 하고는 병원의 조치에 환멸을 느끼고 서둘러 퇴원을 했던 기억이 있다. 그때 느꼈던 감정은 의료진들에 대한 분노였다. 환자에게는 조금의 애정도 없을 뿐더러 무식한 내가 보기에도 아이를 생으로 잡는 것만 같아 나오고 말았다. 나빴던 추억이라도 세월이 지나면 잊히기 마련인가 보다.

나 역시도 40대 초반에 멀쩡한 눈을 수술했었다. 눈에 티끌이 들어간 것이 영 불편해서 병원을 찾았더니 의사는 티끌을 꺼내 주며 하는 말이 왼쪽 눈에 백내장이 심하다며 당장 수술하라고 말했다. 백내장이란 우리 눈의 수정체가 어떤 이유로 인해 뿌옇게 흐려져 잘 볼 수 없게 되는 병이다. 백내장을 수술하면 눈은 밝아지지만 그 대신 수정체가 물체에 맞추어 조절하는 기능이 없기 때문에 고정된 영구 원시가 된다. 그렇기 때문에 일상생활이 불편한 경우에만 수술을 해야 하는 것이다. 나는 당시 안경을 쓴 교정시력이 1.0이 나오는 상태여서 백내장 수술이 필요 없었지만 백내장에 대해 너무나 무지했고 당장 수술해야 한다는 의사의 말을 믿었다.

기왕 수술하려면 때마침 아이들이 방학 중이었으므로 방학에 맞추어 수술하는 것이 좋겠다 싶어 수술을 하기로 선뜻 동의했다. 그러나 눈이 밝아진 건 수치상으로만 그럴 뿐, 내 멀쩡한 눈은 인공수정체로 인해 영구 원시가 된데다가 난시까지 생겨 버렸다. 나는 수술 전까지도 눈 때문에 어려운 점이 없었는데 백내장 수술 후 바늘귀를 끼울 수 없을 정도로 나빠졌을 뿐만이 아니라 멀쩡했던 오른쪽이 급격하게 시력이 떨어져 그 눈마저도 수술을 할 지경에 이르렀다.

당시 의사는 수술하기 전 백내장의 부작용에 대해서는 한마디도 하지 않았고 마치 인공수정체가 자연수정체보다도 더 좋은 것처럼 말해서 나는 수술에 대해 안심했고 아무렇지 않게 생각했던 것이다. 눈을 수술한 후유증은 오래도록 계속되었다. 의사 말대로 수술한 걸 후회했지만 이미 엎질러진 물이었다. 소심한 나는 부당한 수술에 대해 의사의 권위에 눌려 대들지도 못하고 눈물만 흘린 채 병원을 나서야 했다. 지금도 겨우 나이 40에 백내장 수술을 한 생각만 하면 기가 막혀서 그 이후로 의사가 하는 말이라면 불신부터 하고 보는 버릇이 생겼고 웬만해서는 병원을 찾지 않는다.

병원의 이런 행태는 의료를 영리추구의 목적으로 보는 데서 기인한다. 내 눈을 수술한 의사도 아마도 실적 때문에 내 눈을 수술했을 것만 같다. 국내에서 유명한 종합병원이었는데도 말이다. 의사 멘델존은 그의 저서 『나는 현대의학을……』에서 병원들은 운영을 위해 과잉진료나 불필요한 의료행위를 예사로 한다는 것이다. 의사들이 행하는 의료가 때로는 질병보다도 더 위험하다고 경고한다.

어쩌자고 생명을 다루는 의술이 이 지경에까지 이르렀을까? 아이가 먹었던 약이 어떤 화학물질이기에 인체에 그토록 악영향을 미치는 것일까? 내 눈을 망쳐 준 것에 대해 그 의사는 일말의 양심의 가책이나 가지고 있을까? 인체에 도리어 해가 되는데도 의료계는 반성 없이 같은 처방을 거듭하고 있을 것이다.

또한 놀라운 것은 미국에서 전국적으로 시행되던 건강진단은 병원이 불경기에 시달리면서 생겨난 것이라는 것이다.

다시 말해 병원을 먹여 살리기 위해 건강진단이라는 통로를 통해 환자를 공급받아 왔다는 것이다.(이런 일들이 과연 미국만의 이야기일까?)

의사와 환자의 관계는 가장 본질인 신뢰를 바탕으로 성립해야 한다고 생각한다. 그러나 제도화한 의학이 자본주의와 맞물리며 자신의 자리를 굳건하게 지키기 위해 인간을 도리어 병들게 하고 있는 것은 아닐까. 천박한 자본주의는 사회 곳곳에서 뱀처럼 혀를 날름거리며 인간의 희생을 담보로 배를 불리고 있는 것만 같다.

자본과 의료의 관계는 궁극적으로 윤리적 차원에서 논의되어야 하지 않는가. 의료계는 신뢰를 바탕으로 환자의 권리와 건강을 최우선으로 해야 하지 않는가. 모든 병원과 의사가 다 그런 건 아니겠지만 병원이 오히려 환자를 망치는 현대의 의료계는 탐욕과 결합하는 자본주의의 다른 형태가 아닐까, 우리는 현대의학종교라는 주술에서 언제나 벗어날 수 있을 것인가.

겨울장미

초겨울의 싸늘한 바람이 뺨을 훑으며 지나간다. 마치 쇠끝같이 찬바람이 힘센 날짐승처럼 거리를 휘몰아치며 내달리던 12월 초의 어느 날이었다. 나는 바람을 피해 코트 깃을 더욱 여미고 움츠리며 걸었다. 잎사귀를 모두 떨어뜨린 나목들이 추위에 떨고 회양목만이 파리한 얼굴로 거리를 지키고 서있었다.

그때였다. 나는 눈을 크게 떠 보았다. 장미가 한 송이가 의연하게 피어 있었던 것이다. 아주 작은 장미가 꿈결처럼 피어 있었다.

이런 추위에…… 나는 내 눈을 의심하며 장미 가까이로 갔다. 그 모습은 단아하기도 하고 처연해 보였다.

이곳은 여름에 장미가 숲을 이루던 곳이었다. 지난여름은 무척이나 화려했다. 마치 장미의 나라처럼 온통 장미 밭이었다. 도도한 장미의 물결은 저마다 화려함을 뽐내며 아우성치는 것처럼 보였다. 환호하는 계절의 여왕 오월과 함께 봉우리를 열기 시작하는 장미는 막 세수를 끝낸 소녀처럼 청순하고 사랑스러웠다.

장미는 만개하기 시작하면서 요염한 자태로 절정에 달한다. 그러다가 한 잎 두 잎 잎이 추레해지기 시작한다. 찬비라도 한번 맞으면 시름에 겨워 시들어 가는 중년의 여인처럼 변한다. 민망하게도 꽃잎이 떨어진 모습은 늙은 여인의 모습과 닮았다. 듬성거리는 대머리처럼 변하다가 비참한 몰골로 임종을 맞이한다.

가을도 가고 초겨울에 들어서는 이 추위에 어쩌다가 장미는 홀로 피었을까. 살며시 다가가 그 향기를 맡아 보았다. 진하지 않은 향기가 코끝을 감돈다. 한여름 다른 장미들이 환호성을 지를 때 그는 무엇을 하고 있었을까. 태어나지 못할 사연이라도 있었던 것일까.

이제는 아무도 없는 겨울에 홀로 피어 무슨 생각을 하고 있을까. 표정 없는 수도승처럼 장미는 침묵한다.

어느 날 눈이 내렸다. 하얀 눈이 사르륵사르륵 저승사자의 발걸음처럼 다가와 온누리를 덮었다.

아아! 나의 장미는 어떻게 되었을까. 얼어 죽었을까? 누가 꺾어 가지는 않았을까? 땅에 떨어지지는 않았을까. 애타는 마음으로 발걸음을 서둘렀다.

그러나 장미는 아직도 눈을 맞고 꼿꼿이 서 있었다.

시들어 떨어지지도 않고 추위에 기가 죽어 허물어지지도 않고 그는 박제된 것처럼 눈을 맞으며 그 모습 그대로 이 세상에 머물렀다. 아니 영혼만이 떠난 것처럼 보였다.

아름다운 초월이었다. 정녕 아름다운 승리였다.

늦가을 찬바람 맞으며 피어난 장미
화려한 유월을 놓치고
타오르는 정염의 계절도 보내고
찬바람 속에서 피어난 작은 장미

나비도 가버리고 벌도 찾아들지 않은
벌판에 호올로
시리운 목이 서러워라.
하늘을 사랑하다
낙엽의 시름을 목 놓아 듣다가
어느 날
하얗게 눈이 오던 날
박제되어 버린 붉은 꽃 한 송이
초월이었네
영원으로 가는 빛이 되었네.

귤

과일 가게 앞에서 발길을 멈추었다. 한 입 베어 물면 입 안 가득 시원한 과즙이 쏟아질 것 같은 배, 귀여운 방울토마토, 겨울인데도 도도해 보이는 빨간 딸기, 그리고 노란 참외, 추운 계절에도 언제나 먹을 수 있는 수박 등은 어쩐지 매력 없어 보인다.

제철을 만났는데도 오히려 주눅 들어 보이는 귤과 사과도 있다. 그리고 물 건너온 석류나 자몽 같은 수입 과일들…… 계절에 관계없이 과일은 많고도 다양했다.

과일 중에서도 흔한 건 황금빛 귤이다. 해마다 겨울이면 흔하고 싸서 천덕꾸러기가 된 지 오래되었다. 올해는 특히 귤 값이 폭락하여 운송비도 안 나온다며 재배농가에서는 귤을 버렸다고 한다. 애써 가꾼 농작물을 버리는 농민의 마음은 어떠할까. 무분별하게 수입되어 시장에 나온 외제 과일을 보면 국산 과일 값의 폭락이 예사로 보아지지 않는다.

굴은 지금이 제철이다. 흔히 먹을 수 있고 값도 가장 저렴하다.

나는 굴을 샀다. 단단하고 작은 조생종 굴이라야 더욱 새콤달콤한 맛을 즐길 수 있다. 굴을 하나 집어 들고 손으로 가만히 쓰다듬어 보았다.

나는 굴과 관련된 특별한 추억을 가지고 있다. 내가 어렸을 때만 해도 굴은 흔한 과일이 아니었다. 그때는 모든 과일이 비쌌지만 굴은 더욱 고급 과일에 속했다. 웬만한 과일 가게는 굴이 있지도 않았고 큰 시장으로 나가야 겨우 살 수 있었다. 1년에 한번쯤 굴을 먹어 본 때가 있었을까. 구경하기도 흔치 않았다.

1960년대 후반 초등학교 시절이었던 것 같다. 친구가 학교에 굴껍질을 가지고 왔다. 친구는, 우리 어제 굴 먹었다 하며 자랑스럽게 굴껍질을 내보였다. 나는 놀라서 "정말이니? 참 좋겠다." 하며 부러워했다.

"우리 할머니는 굴을 참 좋아하셔. 그래서 용돈이 생기면 꼭 모아 두셨다가 이렇게 굴을 사신단다. 그래서 나도 가끔 한쪽씩 먹어 볼 수 있어. 너 굴 먹어 봤니? 얼마나 맛이 좋다구."

나는 친구가 몹시 부러웠다.

"자 너도 이 냄새 좀 맡아 봐."

흠…… 나는 눈을 사르르 감고 귤 냄새를 맡았다. 이렇게 좋은 냄새가 있을까. 향긋하고 달콤하고 무어라 형언할 수 없는 냄새가 났다.

친구의 자랑에 나는 넋을 놓았다. 하지만 쉽게 사 먹을 수 있는 과일이 아니었다. 아마도 그 시절에는 제주도에 감귤 농사가 많지 않았고 운송수단도 변변치 않았을 때여서 귀했을 것이다. 친구는 나에게 선심을 쓰듯 껍질을 조금 떼어 주었다. 그리고 보라는 듯이 나보다 앞서서 손등에 문질렀다. 나도 따라해 보았다. 귤껍질에서는 촉촉한 물기가 나와서 손등에 스킨로션을 바른 것 같았다. 손등이 한결 부드러워진 것 같고 좋은 냄새 때문에 기분이 황홀했다. '아, 귤이란 정말 좋은 과일이구나.'라는 생각이 다시 들었다.

나에게는 남동생이 하나 있다. 딸 셋에 막내로 낳은 아들이어서 집에서는 애지중지하는 동생이었다. 그런 동생이 초등학교 1학년 때 맹장염에 걸렸다. 그래서 병원에서 수술을 하고 입원을 해야 했다. 나는 동생이 있는 병원에 가기로 했다. 평소에도 내가 늘 귀여워하는 동생이었다. 동생에게 좋은 것을 선물해 주고 싶었다. 귤이 생각났다. 귤이야말로 동생이 먹어야 할 것 같았다. 나는 그동안 모으고 모았던 용돈을 털었다. 그리고 큰 시장으로 가서 귤 한 개를 샀다. 귤 한 개를 소중하게 품에 넣고 동생에게 갔다. 수술로 인해 해쓱해진 동생은 귤을 받아들더니 활짝 웃었다. 그리고 귤을 껍질째 덥석 물려고 했다. 나는 누나답게 동생에게 귤껍질을 까서 입에 넣어 주었다. 동생이 귤을 먹는 모습은 내게는 말할 수 없는 기쁨이었다.

그렇게 귀하던 귤이 지금은 흔하고 흔한 과일이다. 아니 귤뿐만이 아니라 이제는 귀한 것이 없어져 버렸다 해도 과언이 아니다. 귤 같은 것은 박스 채로 들여놓아도 부담이 되지 않는다. 베란다에 놓인 귤을 아이들은 풀방구리에 생쥐 들락거리듯이 꺼내다가 먹는다. 쌓이고 쌓이는 껍질은 처치 곤란이다. 그전에는 껍질도 귀하게 여겼었다. 잘 말렸다가 생강을 넣어 끓이면 감기약으로 귀한 약이 되었기 때문이다.

귤이 흔해진 만큼 이제는 귀한 것도 없다. 물자도 넘쳐나고 먹을 것도 넘쳐난다. 그렇게 귀한 것이 없어진 만큼 정도 메말라 가는 것은 아닐까. 이제는 형제들끼리 먹을 것을 가지고 다투는 것도 볼 수 없지만 작은 것이라도 아꼈다가 주는 모습도 별로 볼 수 없다. 보잘것없는 것이라도 아꼈다가 나누어 먹는 오순도순한 풍습 하나가 사라진다는 느낌이다.

남과 여

실내 수영장에 갔을 때였다. 휴식을 하러 물 밖으로 나와 서 있는데 건너편 한쪽 구석이 떠들썩했다. 무슨 일인가 건너다보니 초등학교 고학년쯤 되어 보이는 사내아이들이 수영모를 벗어서 서로 던지기 시합을 하고 있었다. 천정 밑을 지나는 배관에다 작은 수영모를 걸치려니 빗나가기만 하여 잘될 리 만무했다. 연거푸 이 아이, 저 아이가 던지더니 드디어 한 아이가 아슬아슬하게 성공을 했다. 와자하게 떠들어 대면서 나머지 아이들이 성공을 축하한다. 한참 수선을 떨더니 쇠기둥을 타고 배관 파이프로 올라가려고 하였다. 애를 쓰고 던진 모자를 가지러 올라가려고 했던 것이다. 그런데 뜻대로 안 되자 한 아이가 2층으로 올라가 1층 천정 밑으로 지나는 배관에 매달리고 있었다. 배관 파이프와 바닥까지는 한 10미터쯤이나 되어서 떨어지면 성해나지 않을 성싶었다.

나는 속으로 아슬아슬하게 생각되었다. 뭐라고 하자니 너무 먼 거리이고…… 007영화의 화면 같은 장면을 손에 땀을 쥐고 관람할 수밖에 없었다. 밑에 서 있는 아이들도 배관에 매달린 아이에게 박수를 치고 소리를 지르며 서로 기어오르려고 야단이었다. 한참 만에 배관 파이프에 매달렸던 아이가 간신히 모자를 거두고서야 내려왔다. 마침 지나던 관리인이 보고서 아이들의 위험한 장난을 야단쳤다. 그러자 아이들은 뿔뿔이 흩어졌다.

짓궂은 녀석들 같으니. 도대체 그런 짓거리들이 무엇에 소용이 된다고 위험을 무릅쓰고 저 야단을 한단 말인가. 시쳇말로 "남자는 쓸데없는 일에 목숨 걸고 여자는 사소한 일에 목숨 건다." 하더니 그야말로 쓸데없는 일에 목숨 걸고 있었다. 아이들의 짓궂은 장난에 혀를 차면서 여자 아이들이라면 저런 무모한 짓은 하지 않았을 텐데 하고 생각했다.

나는 예전을 떠올렸다. 딸아이가 유치원에 다닐 때 또래의 남자 아이들이 곧잘 우리 집에 놀러오곤 했었다. 나는 슬하에 딸만을 키워서 남자 애들이 얼마나 짓궂다는 것을 잘 몰랐다. 어느 날 시장엘 다녀오니 딸애의 남자 친구들이 놀러 온 모양이었다. 집 안이 온통 엉망이었다. 의자가 나자빠져 있질 않나, 방석이 여기저기 뒹굴어져 있질 않나, 무얼 했는지 바닥에는 엎질러진 물과 양동이마저도 흩어져 있었다. 내가 없는 틈에 전쟁놀이 같은 것을 했던 모양이었다. 나도 집 안 꼴을 보고 많이 놀랐지만 울상이 되어 있던 딸애가 나를 보더니 울음을 터트렸다. 내 호통에 녀석들은 곧 사라졌다. 집 안에 내가 있었어도 녀석들이 이 지경으로 만들지 않았을 것이건만 저희들끼리만 있으니까 마음껏 놀았던 모양이었다.

얼마 후 이웃 엄마에게 푸념 삼아 말했더니 남자 아이들은 다 그렇다는 것이다. 그 엄마는 딸과 아들을 두고 있는데 아들아이가 어찌나 극성인지 딸아이와는 비교가 안 된다고 했다.

오래전 남자 어린이를 가까이에서 살필 수 있는 기회가 있었다. 글쓰기 지도를 할 때 남녀학생을 같이 가르쳤기 때문이다. 여학생과 남학생을 가르쳐 보면 정말 차이가 난다. 정서적이고 아름다운 이야기를 해 주면 여자아이들은 마음속으로 잘 받아들인다. 그리고 곧잘 감동한다. 그래서 재미가 있다. 그런 반면에 남자 아이들은 "무슨 얘기를 좀 하나 보다." 하고 멀뚱멀뚱한 얼굴로 쳐다보기 일쑤다. 감동도 없는 것들이 얌전하기라도 해야 할 텐데 공부시간에 설치고 장난하는 통에 질색이었다.

영호는 특별히 짓궂은 아이였다. 도무지 집중을 안 하고 설쳐 댔다. 잔뜩 화가 난 내가 눈을 불여우처럼 흘기며 한 대 아프게 때렸다. 때리고 난 후 곧 후회를 했다. "저 어린 것에게 너무 심했지." 하는 자책감이 일었다. "아프겠는 걸." 하고 미안한 마음에 슬며시 건너다보았더니 녀석이 노여워 하기는커녕 내 마음을 들여다보기라도 한 듯 "헤헤 안 아픈 걸." 하고 혼잣말을 하며 나를 보고 히죽 웃는다. 나는 기가 막혀 한 번 더 째려보았다. 여자아이라면 부끄럽고 화가 나서 어쩔 줄 모를 텐데. 저런 뻔뻔함이 소위 남자다움이란 걸까 하는 생각이 들었다.

뿐인가. 쓰기에 있어서도 여자아이들보다 덜 감성적이고 건성으로 쓴다. 그래서 남자아이들이 감성을 필요로 하는 글쓰기에만 국한된 것인지 아니면 다른 면도 선천적으로 여자보다 뒤떨어지는 인종은 아닐까 하는 생각을 가져 본 적도 있을 정도이다.

어떤 사람은 남아가 여아에 비해 늦게 성장하기 때문에 어릴 때에는 자연히 모든 면에 뒤떨어질 수밖에 없다고 말한다. 그러다가 십대 후반에 가면 오히려 여자가 지능이나 모든 면에서 남자에게 뒤떨어지기 시작한다는 것이다. 십대 후반의 남자와 여자를 비교해 본 일이 없으니까 그 부분은 잘 모르겠지만 여자가 감성적인데 비해 남자는 논리적이고 직관적이라는 것에는 대체로 동의한다.

남자는 선천적으로 도전적이고 소유하기 좋아한다. 멀고 먼 원시시대, 사냥질하고 전쟁하던 그들의 유전자는 현대에도 달라지지 않고 이어져 있을 것이다. 그리고 약탈에 의한 소유가 정당화되던 정복전쟁 시대, 상대를 제압하는 힘은 바로 국가와 개인이 이룩할 수 있었던 부와 권력의 원천이 아니었던가. 그래서 강한 힘이 있어야만 살아남을 수 있었던 정복전쟁 시대에 남자들은 폭력에 익숙해지도록 길들여져 왔을 것이다. 그러나 이제는 그럴 필요가 없음에도 그들의 몸은 과거의 습관대로 근질거린다. 그래서 서로 부딪치면 힘 겨루기 할 생각부터 하고 자신의 영역을 정해 놓고 지키려 한다. 실제로 여자들보다 남자들의 세계에서 더 시기심이 많고 경쟁심이 불붙고 있다는 것을 은근히 경험한다.

투쟁과 야심과 지배의 역사, 그래서 남자들이 지배하는 한 세상은 끝없이 갈등하고 소유하려는 욕심으로 들썩일 수밖에 없으리라.

남자아이들이 그렇게 극성맞고 데설궂게 노는 반면 여자 애들은 온종일 하는 일이 소꿉놀이나 인형놀이다. 온종일 코딱지만 한 살림살이를 늘어놓느라 집 안이 어수선해서 그렇지 치고 박는 싸움은 거의 하지 않는다. 이런 것들을 비교할 때 여자가 훨씬 평화적이라는 말이 성립한다.

여자가 대체로 수동적이라면 남자는 능동적인 면이 강하다. 그래서 벌 나비와 꽃에 비유하기도 한다. 벌은 꽃에 날아와 앉아 꽃과의 단꿈에 젖는다. 이윽고 목적을 달성하고 나면 다른 꽃을 향해 미련 없이 돌아선다. 꽃과 나비와의 관계를 인간에게 적용시킬 수는 없지만 예로부터 사랑에 속고 돈에 우는 비련의 주인공은 대체로 여자이기 마련이다. 여자는 사랑을 하지만 남자는 유희를 즐긴다던가.

ㅁ 씨는 남자의 특성에 관해 "남자의 능력은 성욕과 비례하는 것은 아닐까요. 능력 있는 남자들이 대부분 여자에게도 관심이 많아요. 그래서 옛말에 영웅은 여자를 좋아한다는 말이 있는가 봐요." 하고 말한다.

여기서 남자의 능력은 적극적인 성격이어서 어떤 일에 성취한 경우이다. 그렇다면 남자아이들이 설치고 공격적인 것의 다른 면은 적극적일 수도 있겠다. 적극적인 것과 바람기, 정말 상관관계가 있는 것일까?

그런, 소위 남자다움이 때로는 매력으로 작용하기도 한다. 만일 남자가 대부분의 여자처럼 적극적이지도 않고 수줍음이 많다면 세상은 심심할 것 같다. 또한 남녀가 서로 공격적이고 적극적이라면 얼마나 살벌하겠는가. 그나마 여자가 있어 세상은 조화를 유지할 것이다. 아마도 남자들만의 세상이라면 싸움은 그치지 않을 것이다.

"남자는 배짱, 여자는 내숭"이라는 유머가 생겨나듯이 서로 상반되는 것이야말로 상대방을 끌리게 하는 매력의 포인트가 아닐까 하는 것이다.

늙어 간다는 것

언제부터인지 아이들에게 핀잔받는 일이 잦아졌다. 대개의 이유는 엄마는 촌스럽다거나 뭘 모른다는 거였다. 마치 나를 뭐든지 뒤떨어지는 늙은이 취급하듯 했다. 어제는 구두를 한 켤레 사왔다. 검정색 단화인데 앞에 약간의 주름이 잡혀 있고 끈을 매도록 되어 있다. 나는 그걸 사면서 분위기가 너무 애들 같지 않을까 좀 고민했다. 하지만 자주 신을 일이 없는 단화이니까 애들하고 같이 신어야 될지도 모르겠다고 생각했다. 집에 와서 아이들한테 새 구두 자랑을 하니까 아이들이 한결같이 "엄만 우리들하고 같이 신겠다니 참 꿈도 야무지지." 하면서 깔깔 웃었다. 요즘엔 할머니들이나 그런 신발 신지 누가 그런 신발을 신느냐는 거였다.

유행에 둔감하기로 누구에게도 뒤지지 않는 남편은 "그거 남자 신발 같은데." 하면서 한술 더 떴다. 나는 남편을 슬쩍 흘기면서 "참 당신도, 캐주얼 신발이 남녀 구분 없어진 지가 언제인데 그런 소리를 해요?" 하면서 내가 남편보다는 좀 감각이 낫다는 것처럼 핀잔을 주었다. 하긴 요즘 애들 신발을 보니 마치 무성영화에 나오는 찰리 채플린의 신발처럼 앞에 구두코가 터무니없이 크고 어딘지 헐렁해 보이거나 또는 만화영화에 나오는 마귀할멈의 신발처럼 구두코가 길고 뾰죽한 게 코믹한 분위기를 풍겼다. 어느 날 그런 신발을 하필 딸아이가 신고 들어오는 게 아닌가. 그런 신발을 신는 사람은 특별한 인간인가 보다고 생각했는데 바로 내 딸이라니 어이가 없었다.

어쨌든 내가 사는 물건마다 타박을 받게 된 게 어제 오늘의 일이 아니다. 하긴 나도 유행에 신경 쓰지 않은 지가 오래 되었다. 아니 요즘 유행이 뭔지 잘 모른다. 그전에는 유행에 뒤떨어지는 옷을 입고 거리에 나서면 스스로 초라하다는 생각 때문에 영 떳떳하지가 못했다. 하지만 지금은 잘도 나선다. 발목이 훤히 드러나 보이는 디스코 바지를 입고 시장에 갔는데 아닌 게 아니라 그런 바지를 입고 다니는 사람은 없었다. 그래도 옷 때문에 창피하다는 생각은 들지 않았다. 그래서 계속 입고 다녔다. 하지만 나들이 할 때는 사정이 좀 달라서 신경을 쓰게 된다. 저번에 바지를 새로 샀는데 나팔바지를 샀다. 나는 요즘 한창 유행이라고 생각해서 사 왔는데 애들이 보더니 이미 유행이 한물 간 것이라지 않은가. 어쩐지 싸더라니…….

옷뿐만이 아니다. 기계 조작은 왜 그리 어두운지 그것도 역시 아이들에게 핀잔거리다. 텔레비전도 껐다 켰다 하는 것과 채널을 돌리는 기능밖에 할 줄 모른다. 아이들은 쪼그만 리모컨을 들고서 큰 화면 안에 작은 화면이 나오도록 만들기도 하고 여러 가지 기능을 사용한다. 나는 배우고 싶은 생각도 없고 흉내 낼 것 같지 않아서 할 생각조차도 하지 않는다. 한마디로 관심도 없고 귀찮기만 하다.

언젠가 휴대폰 조작법을 아이들에게 배우기로 했다. 아이들이 일러 줄 땐 응응 하고 잘도 알아들었는데 그다음에 혼자 하려고 하니 컴퓨터와 연결된 동영상 조작은 잘 되지 않았다. 내가 늙었나? 이런 생각이 들었다. 늙는다는 것은 귀찮은 것이 많아지고 단순해진다는 것일까?

예전에 어머니도 기계라면 어두우셨다. 라디오도 껐다 켰다 하는 것과 좋아하는 방송국 두어 가지밖에는 조작하지 않으셨다. 우리들에게 사다 주는 옷은 또 어떠했던가. 어머니가 사다 주시는 옷이라면 우리는 미리 알레르기부터 일으켰다. 우리 어머니는 그 시절에 또래의 부인들과 비교해서 비교적 촌스럽지 않았는데도 말이다. 어머니는 그때 우리들이 좋아하던 대중가요도 이해하려 하지 않으셨다. 그때는 통기타 가수들이 인기를 끌었는데 그게 노래냐 하면서 인정하지 않으셨다. 꾀꼬리같이 고음으로 부르는 신 카나리아나 당시 한창 주가를 올리던 이미자 등의 노래만 좋아하셨다. 나역시 요즘 가수들이 읊조리는 듯한 노래는 잘 알아들을 수도 없을 뿐더러 따라 부르기는 도저히 불가능하다. 그래서 아이들보고 그게 노래냐 그냥 음악 틀어놓고 중얼대는 거지 하면서 비웃는다.

늙으면 기가 입으로 오른다던가. 점차 말도 많아지는 경향이 있다. 아이들이 잘못한 걸 가지고 한번의 야단으로 끝날 일을 두고두고 되뇐다. 그래서 아이들이 질색을 한다. 그러나 어쩌랴. 이러지 말아야지 하면서도 생각날 때마다 했던 말이 또 하고 싶어지는 걸. 이런 걸 두고 누군가는 늙으면 양기가 위로 올라서 그렇다는 것이다. 젊을 때는 전신에 충만하던 양기가 늙어 가면서 점차 위로 오른다고 한다. 그래서 우선 다리에 힘이 없어지고 그 다음엔 성기능이 떨어지고 이어서 가슴이 두근거리는 증상이 생기고 급기야 입으로 기가 오르다보니 말만 많아진다는 것이다. 그래서일까. 마음따라 몸도 그렇게 변하는 건지 몸이 그러하니 마음이 변하는 건지는 잘 모르겠지만 열기가 위로 오르는 듯하다. 슬그머니 열기가 오르고 어떨 땐 얼굴까지 달아오를 때가 있다. 이래서 나이 먹어 간다는 것을 피부로 느낀다.

하지만 이런 나도 생각은 있다. 비록 모든 게 뒤처지지만 마음만은 뒤지지 않겠다는 것이다. 해가 바뀜에 따라 들어가는 나이야 어쩔 수 없지만 정신의 나이야말로 그대로 마음 먹기 나름 아닌가.

젊음, 그것은 곧 열정이 아닐까. 그래서 열정만은 아이들 못지않게 유지하려고 한다.

열정, 그것은 무엇인가. 마음 깊숙이 솟아나서 유형무형의 현존에 혼신의 힘을 다하는 것. 그리고 새로운 것에 대한 호기심이 아닐까. 그러려면 세상에 대한 끊임없는 애정을 가져야 할 것 같다. 그리고 아이들의 정신적인 의지처가 될 수 있도록 정신 또한 깊고 성숙해야 할 것이다. 내가 충고라도 하면 아이들이 그걸 마음속으로 새겨들었으면 하는 마음이 간절하다.

나는 언제까지 젊은 사람이고 싶기 때문이다.

때로는 특별한 노인들이 있다. 70세 된 노인이 대학에 입학했다는 소식이다. 그 나이에 어떻게…… 이런 말들이 감탄과 함께 쏟아진다. 그런가 하면 60 중반의 나이에 컴퓨터 해커를 잡아내는 컴퓨터 전문 경찰로서 활동한다는 이야기도 들린다. 이 외에도 노익장을 과시하는 노인의 예는 얼마든지 있다.

그러나 자식들에게 잔소리나 하면서 뒷방 늙은이로 삶을 이어 가는 노인도 있다. 삶의 의욕을 잃어버린 채 목적 없이 떠다니는 낡은 배처럼 그저 세월을 보내는 사람도 있다. 대체 이러한 차이들은 어떤 곳에서 연유하는 것일까.

일반적으로 늙는다는 것은 모든 것이 퇴화되고, 쓸모없어지고 정신마저도 오락가락 치매 현상을 일으키는 것을 당연한 것으로 받아들인다. 그리하여 내가 이 나이에 뭘…… 이라든지 이제는 다 살았지 하는 심정으로 세월을 소일한다. 그러나 늙는다는 것이 정신과 육체가 모두 쇠약해진다는 것은 아니다. 육체는 기력이 떨어질 수 있으되 정신은 쓸수록 더욱 왕성해질 수 있는 것이 인간만이 누릴 수 있는 특징이라고 한다.

인간은 늙어 갈수록 사물에 대한 호기심을 놓치지 않으면 안 된다. 생물학적 퇴락이야 어쩔 수 없는 것이지만 정신이야말로 마음먹기 나름이 아닐까.

새로운 것에 대한 호기심과 열정, 그리고 도전 정신이야말로 젊음을 지탱해 주는 조건일 수 있다. 육체와 정신은 둘이 아니라고 했다. 진취적이고 청정한 정신이야말로 육체의 노화를 막을 수 있는 조건 중에 하나임은 의심할 여지가 없다. 생에 대한 적극적인 자세와 호기심만이 파릇한 새싹을 틔우듯 인생의 봄을 맞을 수 있는 길이리라.

마음의 뜰

어디선가 떨어져 내린 나뭇잎이 베란다 창살 틈에 매달려 있었다. 바람이 불자 그 나뭇잎은 떨어질 듯 파르르 떤다. 괜히 애처로운 생각이 들어 내내 창밖을 바라보았다. 흡사 엄마 치마꼬리에 매달려 칭얼대는 어린애의 모습을 연상함은 지나친 비약일까.

이윽고 그 나뭇잎은 떨어져 내렸다. 왠지 마음이 허전하고 무겁다. 억울하다고 느꼈던 지난 일들이 떠오르자 차오르는 울분과 함께 '아직도 참을 수 없겠니?' 라고 내안에서 낮게 속삭이는 소리가 들렸다. 진실은 강하고 아름다우며 인내하는 가운데 빛을 발하는 것이라고 속삭이는 소리가 마음 깊은 곳에서 들려오고 있었다.

남편과의 갈등은 언제나 물과 기름처럼 합일될 수 없는 평행선이었다. 오랜 세월 함께 살았어도 오히려 처음보다 낮

설게 느껴지는 것은 서로에게 식상한 때문일까. 하지만 내 스스로 말해오지 않았던가. 사람의 관계란 길들여지는 것이라고. 사람의 사이가 물과 기름처럼 겉도는 것이 어디 한쪽만의 잘못일까.

그러나 가슴 속 응어리는 깊은 앙금이 되어 마음 저편에 자리 잡고 늘 나를 참담하게 만든다. 조개는 자기 속에 들어오는 이물질을 닦고 닦아 영롱한 빛을 발하는 진주를 만들어 낸다는데 인간의 괴로움이라는 이물질은 참고 참아 무엇이 된다는 것일까.

누구든 갈등을 안고 산다. 그것이 남편이든 가족이든, 혹은 시댁이든 그것 때문에 자신이 불행하다고 생각하기도 한다. 나도 그런 사람 중의 하나였다. 그러나 어떤 것이든 자신이 지고 가야 할 짐이 아닐까? 그것에 대해 앙앙불락하기보다는 있는 그대로 받아들이는 태도가 진정 나를 위하는 것이 아닐까 라는 생각을 한 적이 있었다.

> 인생이란 낯선 여행 같은 것
> 한 번도 가지 않은 길을 가야하고
> 낯가림도 쓸쓸함도 받아들여야 하는 것
> 짐을 진 낙타처럼 묵묵히 가는 것.

('샨티샨티 김묘진의 인도기행' 중에서)

인생이란 무거운 짐을 진 낙타처럼 묵묵히 가는 것이라는 생각을 하면서도 언제나 옹졸한 자신을 바라본다.

이른 아침 정적과 함께 가라앉는 뜰을 내려다보았다. 잎사귀가 무성한 푸르른 뜰은 잘 정돈되어 있었다. 몇 년 전 이 아파트가 처음 지어졌을 때는 나무도 보잘 것 없었고 뜰은 황량했었다. 하지만 세월이 지남에 따라 수목이 우거지고 한여름엔 제법 울창한 그늘이 드리워져 지나는 사람이 쉬어갈 수 있는 뜰이 되었다.

나는 내 마음의 뜰을 얼마나 가꾸었는지. 저 정원수처럼 연륜이 지남에 따라 남들이나 가족들의 안식처가 되었는지.

G씨와의 보이지 않는 갈등이 떠올랐다. 그녀는 시새움이 많은 사람이었다. 내가 하는 일이 잘되기라도 하면 싫은 내색을 노골적으로 드러냈다. 게다가 어떠한 방법으로든지 나를 누르려던 그녀의 눈초리가 생각나자 마음이 몹시 흔들렸다. 하지만 내 마음도 그녀만치나 교만한 것은 아니었는지 생각해 볼 일이다. 그런 그녀와 맞서려던 마음은 시새움을 더욱 부채질이나 할 일인 것을.

S씨를 만났다. 이런저런 얘기 끝에 그녀가

"요즘 안색이 안 좋아요. 어디 걱정되는 일이라도 있어요?"

하고 묻는다.

"아뇨. 조금 피곤해서 그런가 봐요."

"너무 신경 쓰는 일 많은 거 아녜요? 뭐든 편안한 마음으로 하세요."

하고 그녀가 나를 위로한다.

"걱정 마세요. 예수나 석가도 서른 초반에는 깨달음을 얻고 중생구제에 나섰다는데 그러지는 못해도 하늘의 뜻을 안다는 나이가 우리 나이 아녜요?"

하고 마음속과 달리 여유 있는 웃음을 웃자 S씨는

"참, 그래요."

하고 맞장구를 친다.

(그래, 말은 좋지만 그런 마음은 방안에 혼자 있을 때만이 가능한 것이지 물욕에 눈 어둡고 때에 따라 마음이 달라지는 내가 어찌 흉내나 낼 수 있으랴. 나와 라이벌인 이웃이 잘되면 심술이 나고 아이들이 성적만 낮아도 속이 상하는, 이렇듯 얄팍한 마음을 가지고 어찌 인생을 관조할 수 있단 말인가.)

하지만 이런 내게도 남모르는 노력이 있다. 마음이 미움으로 가득 차거나 불안할 때면 혹은 욕망의 유혹으로 타오를 때면 가만히 마음속으로 되뇌는 말이 있다.

(바른 생각. 바른 마음. 바른 행동)

길을 가다가도 흡사 수도승의 염불처럼 되뇌다 보면 마음이 어느 정도 가라앉는 느낌이 든다. 설령 무의미한 것일지라도 그런 마음으로 살고 싶다는 염원만이라도 간직하고 싶기 때문이다.

아름다운 사람이 되고 싶었다. 정녕 아름다운 사람이 되고 싶었다.

어느 글에서인가 본 기억나는 한 부분·

- 천년을 두고도 울지 않는 한 마리 학을 보는 느낌이었다. -

깊은 호수처럼 잔잔한 마음의 소유자를 일컬음이리라.

나도 어떤 일에도 흔들리지 않는 마음을 갖고 싶었다. 하지만 그렇게 된다는 것이 한갓 꿈일까. 여태까지 살아온 인생, 내가 행했던 좋은 일들과 나쁜 일들이 결합하여 지금의 나로 존재한다면 내 인격은 얼마만큼 형성된 것일까.

하지만 인격의 완성을 위하여 수도승도 아닌 내가 멍청하게 앉아만 지낸다면 그건 아무런 의미가 없을 것이다. 생활이라는 소용돌이 속에서 울고 웃고 상처받고, 혹은 사랑하며 배워가는 속에서 인격은 형성될 것이다.

남편이 내게 쏟아 붓는 관심을 소유욕이라고 나는 비난했지만 결국 사랑이라는 것도 욕망의 다른 이름은 아닐까.

남편과의 갈등도 남들과의 시새움이나 욕심도 부대끼지 않으며 응시하리라. 파도가 치면 잠시 일렁이다 마는 깊은 호수처럼 응시하리라. 그리고 오직 혼자만이 존재하리라.

무심의 바다 위로 떠나자.
바람은 텅 빈 가슴을 지나는데
무심의 바다로 가자.
욕망의 열매를 거둬
무심의 바다 위에 내리면
한결 짐은 가벼우리니…….

진정한 아름다움

어렸을 때 어머니는 내가 옷을 입고 있으면

"목이 아주 길구나. 여자는 목이 길어야 맵시가 있는 법인데 너는 목이 길어 보기가 좋다."

하시며 나를 올려놓으신다. 그러나 어쩌랴. 사슴처럼 길다는 목에 보기 흉한 붉은 점이 떡 버티고 있으니. 붉은 점은 목 옆쪽에 있는데 머리가 끝나는 지점부터 시작되어 긴 목덜미를 타고 어깨에 내려서는 곳에서야 끝이 난다. 그래서 어릴 때는 옷을 입을 때마다 망설였다. 목이 시원하게 패인 옷을 입어 긴 목을 자랑할 것인가, 아니면 목 부분이 올라오는 옷을 입어 흉을 감출 것인가.

지금은 중년에 이르러 굵어진 목이 길어 보이지는 않는 것 같다. 그런데도 어머니의 말은 아직도 귓가에 남아 백조같이 우아한 목일 것 같은 착각 속에서 그 고민은 유효하기만 하다. 머리를 길게 길러 붉은 점을 감출까도 생각하지만 긴 머리가 어울릴 나이도 아니거니와 거추장스러운 것을 싫어하는 내 성미에는 단발이 좋다.

어머니가 나를 낳으실 때 해산을 도왔다는 외할머니는

"너를 처음 낳아서 목욕을 시키는데 목에 웬 빨간 실이 붙어 있지 않았겠니. 자꾸 떼어 내려 해도 안 떨어져 자세히 보니 그게 글쎄 점인 거라. 그렇게 실처럼 가늘던 것이 자라면서 저리 길어지고 커졌으니 어찌할꼬."

하시며 혀를 끌끌 차신다.

오래전엔 성형외과엘 들렀다. 내 하소연에 의사는 힐끗 보더니

"결혼은 하셨습니까?"

하고 묻는다. 내가 그렇다고 하자

"그런데 왜 신경을 쓰십니까. 아무려면 어떻다고."

하고 말한다. 그러면 결혼한 여자이니 아무래도 괜찮다는 말인가. 아름다워지고 싶어 하는 건 여자의 영원한 소망이자 본능인 것을.

점을 없애기 위한 비용이 내게는 너무 부담스러웠고 알량한 허영심을 위해 돈을 써야 하는 데 대한 회의가 들어 성형은 물어보는 것으로 끝이 났다.

언젠가 전생에 관한 이야기를 쓴 책을 보았다. 그 책에는 사람들은 저마다의 전생을 가지고 있다고 한다. 어떤 사람이

배에 붉은 점이 나 있었다. 그 사람의 전생을 추적해 보니 배에 칼을 맞고 죽었더라고 했다. 그러니까 배의 붉은 점은 피 흘린 자국이라는 것이다.

그렇다면 나는…… 목에 칼을 맞고 죽었나?

엉뚱한 상상까지 하게 된다.

딸애와 이런 얘기를 주고받았더니 딸애는 의미심장하게 웃으며

"엄마의 전생은 장희빈 같은 여인이었나 보죠. 그래서 못된 짓만 일삼다가 죽었게."

한다. 아니, 칼을 맞아 죽었다면 정의로운 일을 하다가 혹은 불의와 맞서 싸우다가 죽었을지도 모를 일인데 하필 그런 요녀(妖女)와 나를 비기다니…….

딸은 아마 내게 평소 감정이 많았나 보다. 아니 그렇기보다는 딸은 나에게 제 친구처럼 말을 아무렇게나 한다. 모녀 사이가 친한 건 좋은데 버릇이 없으니 유감이다.

그것만으로 육체의 결점이 다르면 얼마나 좋을까. 현대의 미인일수록 키가 커야 하고 젓가락같이 말라야 하거늘 키는 유별나게 작고 자꾸만 찌는 군살은 맵시와는 거리가 멀어만 간다.

친정 이모 한 분은 젊었을 때 대단한 미인이셨다고 한다. 누구든 보기만 하면 며느리로 탐을 냈고 남자들도 군침을 삼킬 만큼 그 당시 매력 있는 여성이었다고 한다. 그 말을

들은 우리들은 뒤에서 킥킥거렸다. 이모의 연세 든 모습만을 본 우리들은 절대로 미인으로 상상이 안 되었기 때문이다. 아담한 키는 그렇다고 하고, 둥글넓적한 얼굴에 눈도 작고 코도 오뚝하지 않고 입모양도 별로여서 미인으로는 상상이 안 되었다. 고심 끝에 내린 결론은 그분이 젊었을 때 미인형은 지금의 개념과는 거리가 멀다는 것이었다.

지금 연세가 70세 중반인 이모님이 젊었을 때는 50년대여서 못 먹고 못 입었을 때이므로 마른 체형이 미인일 리는 없었다. 그 당시 잘 나가던 여배우의 얼굴이 오동통하게 복스러운 타입이니 미루어 짐작할 수가 있다. 이모님도 젊어서는 흰 피부에 달덩이처럼 복스러웠을 것 같았다.

내가 T.V를 보면서 요즘 신세대 배우들은 저렇게 비쩍 마르기만 하고 성형을 해서 그런지 개성 없이 같은 얼굴로 보이는데 왜 인기를 끄는지 알 수 없다고 했다. 예전에 윤 아무개니 문 아무개니 하는 배우가 얼마나 예뻤던지 애들한테 자랑삼아 말했더니 한결같이 예쁘지 않다고 삐죽댄다. 나는 예전의 배우들은 전부 키가 작아도 얼굴 예쁘고 개성 있으면 인기가 있었다고 말하고 내친 김에 엄마는 키가 작아도 쌍꺼풀진 눈으로 인기 있었다고 하자 치 그까짓 쌍꺼풀지고 큰 눈은 성형 수술로 끝내 줄 수 있지만 작은 키야 도리가 없지 않느냐고 내 자존심을 망가트린다.

내가 어머니 세대의 미인을 인정하지 못하는 것과 애들이 우리 세대의 미인을 인정해 주지 않는 것과 무엇이 다를까. 시대의 변천에 따라 미인도 달라진다는 것을 알 수가 있다.

그러면서 자기들은 키가 작아서 절대로 미인 근처에는 못 간다는 것이다. 일단 미인은 키부터 커야 한다는 것으로 애들은 결론을 내린다. 그래서 작은 키를 닮은 딸애에게 여간 미안한 게 아니다. 나를 닮은 막내 아이는 키가 작아 고민이다. 엄마인 내 눈에는 아무리 봐도 잘나 보여 작은 키가 결코 흠으로 보이지 않건만 정작 당사자는 열등감 때문인지 매사에 소극적인 것만 같다. 내가 아무리 추켜올려도 아이의 열등감을 사라지게 할 도리는 없다. 하지만 미의 기준도 시대에 따라 달라질 수도 있는 것이니만큼 누가 알겠는가. 앞으로는 작은 사람이 각광 받게 될 날이 올지.

사람의 키가 크건 작건, 혹은 보기 싫은 점이 있다 한들 장애인의 고통만이야 하겠는가. 그들이 가지는 열등감이나 소외감은 우리의 그것과는 비교할 수 없을 것 같다.

언젠가 장애인 가정을 방문한 적이 있었다. 그 부인은 하반신 마비인데 사람을 대하는 태도가 참으로 꿋꿋했다. 남에게 도움을 받을 처지인데도 그녀의 얼굴에선 어두운 그늘을 발견할 수 없었다. 그녀의 당당함은 장애를 넘어선 그 무엇이 있었다. 결국 열등감도 남에게서 오는 것이 아닌 자기 스스로의 문제가 더 크다는 것을 느꼈다.

J 여사와 길을 같이 가게 되었다. 멋쟁이로 소문난 J

여사는

"치마 길이가 그게 뭐야. 요즘엔 짧은 미니스커트 아니면 아예 길게 입거나 하는 거야."

하고 조언을 한다.

"내가 입은 게 어때서? 난 긴 치마는 안 입어 봐서 어색해서 못 입어. 짧은 치마 역시 짧은 다리엔 어울릴 것 같지 않아서 싫어. 그렇다고 내 옷차림이 유행에 뒤졌다고는 절대로 생각하지 않아. 그 유행이라는 게 장사꾼들이 만들어 낸 것이지 뭐야."

하고 억지를 부렸다.

시대의 기준을 따르거나, 발상이 의심스럽기 그지없는 어떤 유행 같은 것에 연연한다던가 하는 것보다는 자신만의 개성을 추구해 나가는 여성이야말로 진정 멋쟁이가 아닐까. 그런데 그 자신만의 개성 또한 모호하기 이를 데 없어서 어떻게 해야 하는 것이 진정한 개성인지 가늠하기 어려울 때가 많다. 좀 신경을 쓸라치면 어줍지 않은 유행을 따르는 것만 같고 '에라 모르겠다.' 하고 편한 대로 하자니 영 촌스러울 것 같기만 하다.

그렇다면 자신만의 개성을 추구해 나가는 진정한 미란 무엇일까.

흔한 말로 저 좋으면 그만이지 라든가 저 잘난 맛에 산다든가 하는 것처럼 자기가 좋으면 그만이 아니겠는가. 어쩌면 진정한 미란 자기만족 속에 있는 것인지도 모를 일이니까.

아름다운 품성에서 우러나오는 따뜻한 미소.

바른 생각에서 나오는 자신감 넘치는 표정과 당당한 태도.

이런 것들이야말로 우리가 추구해야 할 진정한 아름다움이 아닐까 생각해 본다.

잊지 못할 추억

오래전 아이들이 어렸을 때였다. 여름휴가를 맞아 우리 가족은 고향을 찾았다. 친척집에 들러 인사를 하고 시아버님 산소에 성묘를 가기로 했다. 우리가 산소에 가지고 간 것은 약간의 과일과 소주 한 병과 북어 한 마리였다.

산 중턱에 있는 아버님 산소는 여름 햇빛 속에서 우리를 묵묵히 맞아 주었다. 북어와 과일을 제단 위에 올려놓고 소주 한 잔을 정중하게 따르고 우리는 절을 했다. 두 살, 네 살, 일곱 살 세 아이는 고사리 같은 손을 앞으로 모아 쥐고 엉덩이는 하늘을 향한 채 엉거주춤 절을 한다.

성묘가 끝나고 우리 가족은 둘러앉았다. 과일을 깎고 남편의 술잔에 술을 따랐다. 빼빼 마른 북어를 두들겨 안주를 하기 위해 나는 주변을 둘러보았다.

북어는 팰수록 맛이 있다지. 나는 옛날 속담을 떠올리며 노래마저 흥얼댔다. 봉분 옆에 넙적한 돌이 하나 얹혀 있었다. 나는 단단한 돌 하나를 주워들었다. 넓적한 돌 위에 넣고 북어를 흠씬 두드릴 속셈이었다.

뚝딱뚝딱, 두어 번쯤 두드렸을까. 갑자기 무언가 내 팔을 따끔하게 무는 것이 있었다. 아얏! 그 비명이 끝나기도 전에 어찌된 일인지 벌들이 우리 주변으로 까맣게 몰려드는 게 아닌가. 그 넓적한 돌 밑이 벌집이었던 것이다.

갑자기 아이들이 아우성을 치기 시작했다.

"와아앙! 엄마 살려 줘. 어떻게 해!"

지옥이 따로 없었다. 벌이 쏘아 대는 따가움이란 말로 형언할 수가 없었다. 나의 고통도 고통이지만 아우성치는 이 아이들을 대체 어쩌란 말인가. 아이들에게 달라붙은 벌들을 떼어 내느라 남편과 나는 온통 혼이 나갈 지경이었다. 너무 아프고 다급하니까 비명조차 나오지 않았다.

어쩔 도리도 없고 대책도 서지 않았다. 아우성치는 아이들에게 계속 달라붙는 벌을 정신없이 떼어 냈지만 끝도 없이 달려드는 벌을 감당할 수가 없었다. 울부짖으며 날뛰는 아이들을 달래다가 우리는 피신을 하기로 했다.

업고 걸리고 아이들을 병아리 몰듯 데리고 산을 내려왔다. 그래도 벌은 여전히 왱왱거리며 쫓아온다. 워낙 시골이라 근처엔 병원도 없었다. 다급한 김에 가까운 친척집에 들어갔다.

놀란 집안 형님은 아우성치며 울어대는 아이들을 맞아 온갖 방법을 다 동원하셨다. 몸과 머리에 붙어 있는 나머지 벌들을 간신히 떼어 내고 머리를 감겨 보고 소주를 바르는 등 별 짓을 다한 끝에 조금씩 진정되기 시작했다.

한참이 지나도 아픔이 가시지 않자 큰 아이가 여전히 훌쩍인다.

"엄마, 벌들이 나빠. 잘못한 것도 없는데 우리한테 왜 그러는 거야!"

하고 원망이 가득 담긴 눈으로 나를 쳐다본다.

"아냐, 채련아 우리가 잘못했어. 엄마가 먼저 벌네 집을 건드렸어."

"엄만 또 왜 그런 거야!"

아이는 콧물 눈물이 범벅이 된 얼굴로 또 나를 원망한다.

"엄마도 그게 벌네 집인 줄 몰랐지. 정말 미안해. 너희들만 혼났구나. 벌들은 우리를 쏘지만 자기도 죽는단다."

"그러면 벌들도 불쌍한 거네. 엄마 우리도 참을 수 있어. 아까보다 이제 덜 아파."

아이는 애써 아픔을 참으며 여전히 훌쩍인다.

지옥 같았던 순간을 어찌 잊으랴. 순간의 실수로 혼쭐이 난 우리 가족들, 아마 영원히 잊지 못할 것이다.

월미도 단상

파도가 흰 포말을 앞세우고 방파제를 향해 밀려온다. 우르르 몰려왔다가 사그라지는 허망한 꿈의 잔영들처럼.

방파제 아래에서는 작은 바장게 한 마리가 기어오르다 가만히 숨을 죽인다. 인적이 별로 없는 월미도 바닷가에는 <민간인 출입금지>라는 팻말이 붙어 있고 철조망 안의 보초병이 바닷가를 거니는 소녀들을 힐끔힐끔 넘겨다보고 있었다. 오래전 월미도는 그런 곳이었다. 인적도 드물었고 편의시설 따위도 전혀 없었다.

거친 모래사장에 갈매기만 저 혼자 끼룩끼룩 중얼거리는 곳, 그렇다고 결코 낭만적인 분위기를 연출하는 곳도 아니었다. 주변이 을씨년스러웠고 좀 지저분하기도 했다. 그래도 우리는 일 년에 한 번쯤은 월미도를 찾곤 했다. 뚜렷한 이유도 없이 "우리 월미도 갈래?"라는 한마디로 월미도행 버스를 탔다.

단벌머리 소녀였던 나는 그날도 친구와 제법 심각한 얼굴을 하고 월미도에 내렸다. 왜 그토록 심각했었는지 생각나지 않지만 우리는 월미도에 가서 파도를 보며 외로움을 달래야할 것처럼 우울했다.

친구는 쓸쓸하다고 말했다. 나도 그 말에 깊이 공감하면서 우리는 바다를 바라보았다. 사춘기 소녀들의 감상적 취향이 곁들여져 과연 쓸쓸하였다. 남자 친구가 없어서 외로웠고 성적이 떨어져서 우울했고 불투명한 미래에 대한 불안으로 쓸쓸했다. 인적이 드문 바닷가에서 스산하게 몰려오는 파도와 떠도는 갈매기를 보며 우리는 더욱 축축한 기분에 빠져들었다.

세월은 많이도 흘렀다. 단발머리 소녀는 흰머리를 걱정해야 하는 중년이 되었고 쓸쓸함을 달래 주던 월미도는 유흥가로 변했다.

소녀였던 중년의 부인은 딸의 손을 잡고 월미도를 찾았다. 그때의 나이가 된 딸은 아이스크림을 할끔대다가 오락실 앞에서 DDR의 순서를 기다리고 있다. 아마도 컴퓨터 모니터를 목숨이라도 걸 것처럼 응시하면서 요란한 발동작을 멈추지 않을 것이다. 이것이 아니라도 소녀의 놀거리는 도처에

널려 있다. 노래방도 있고 오락기구도 있고 요란하게 떠들어 대며 손님을 불러 모으는 놀이기구도 타야 할 것이다. 달콤함을 허황하게 부풀린 솜사탕도 먹어야 하고 반지르르하게 기름에 굴린 감자도 사 먹을 것이다. 거리는 불야성을 이루고 사람들은 금방 터트린 샴페인 거품처럼 흥분한다.

바다 위에 떠 있던 유람선이 뿌웅 소리를 내며 지나간다. 멀리 어둠 속에서 섬 하나가 불빛을 깜박이고 있다.

딸이 파도의 쓸쓸함을 알까. 끼룩대는 갈매기에게 외로움을 실려 보내던 기분을 알까. 그런 기분이 들기에는 주위가 너무 요란하고 산만하다.

소음을 뒤로 하고 검은 바다를 내려다본다.

깊이를 알 수 없는 바다는 어디론가 흘러가고 흘러온다.

어디선지 왔다가 어디론지 가 버리는 우리네 인생.

흘러드는 파도를 아무도 기억하지 않는 것처럼 우리들의 몸짓을 누가 기억할까. 소리 없이 흘러드는 파도처럼 나도 왔다가 흰 포말을 하나 남기고 그렇게 또 흘러갈 것이다.

갈 등

:: 언니 콤플렉스

옷을 사러 남편과 시내에 나갔다. 흡사 입 안의 혀처럼 싹싹한 점원 아가씨는 나더러 말끝마다 언니언 니 하면서 친절하게 굴었다. 남편은 처음 보는 사람에게 언 니라고 살갑게 구는 게 재미있어 보였는지 '동생 생겨서 좋 겠네' 하면서 벌쭉 웃었다. 나도 말끝마다 언니언니 하는 점 원 아가씨가 싫지 않았다. 사실 이때의 언니란 자기보다 손 위라는 뜻보다는 그냥 같은 동성을 존칭해 부른다는 개념이 다. 왜냐하면 점원 아가씨는 자신보다 나이 어린 고객에게도 언니라고 부르기 때문이다. 나처럼 중년의 부인에게는 아줌 마란 호칭도 있고 듣기 좋은 사모님이란 호칭도 있지만 그 것보다는 좀 더 친근감을 나타내기 위해 언니라고 하는 것 이 좋았는가 보았다.

지난번에는 K 여사와 주민센터를 갔는데 K 여사는 나이 어린 주민 센터 직원보고 '언니 이것 좀 해줘요' 하고 말을 건넸다. 그 아가씨는 K여사의 거의 자식뻘쯤 되었는데도 말이다. 나는 아직 생각이 고리타분해서 그런지 조금 이상했다. 그렇다면 K여사는 그 아가씨에게 잘 보이려고 했나? 그런 것도 아니고 친근감을 나타내려고 한 것 같지도 않았다. 다만 K여사는 요즘 시대의 유행을 따른 듯했다. 언니라는 호칭이 때로는 한 술 더 떠 음식점 같은 데서 중년의 점잖은 남자들이 나이 어린 종업원보고도 언니언니 한다. 그렇게 부르면 더 친근감 있어지는 것일까. 그렇다면 언니라는 호칭은 이미 여성끼리의 손위 개념이라는 뜻도 사라져야 할는지 모르겠다. 언니라는 호칭이 꼭 손위라는 개념이 없더라도 서로에게 친근감을 나타내는 것이라면 무방하다는 생각도 든다.

조선시대의 호칭은 사뭇 반대이다. 남자가 연상의 남자에게 부르는 호칭이 언니였고 여성 간의 손위 호칭은 언니여도 되지만 성(형)님이었다. 이런 것들이 황석영의 소설 <장길산>에 잘 나타나 있다. 시대가 바뀌면 호칭도 변하는 것인지 이제는 다시 조선시대로 되돌아가고 있는지도 모르겠다.

그런데 나는 이렇게 하찮은 호칭이 되어버린 언니라는 말에 굉장히 민감하게 반응한 적이 있었다. 가끔씩 나가는 모임에서 나보다 서너 살이나 어린 J가 묘진 씨 하고 불렀다. 그 순간 몹시 기분이 나빴다. 어린 사람에게 이름을 불리게 된다는 것에 무시당했다는 기분이 들었다. 그렇다고 내가 J

에게 윗사람 노릇을 톡톡히 하고 싶다는 마음은 없었다. 하지만 기분은 씁쓸했다.

사실 나이를 가지고 친구를 하네 못하네 하는 것도 우습다. 왜냐하면 나이가 어려도 정신적으로 성숙한 사람이 있고, 나이가 많아도 그렇지 못한 사람이 있기 때문이다. 옛말에 10년까지는 친구 삼는다고 했다. 그 말에 수긍이 가는 게 나이를 먹을수록 아랫사람과 별로 정서의 차이를 못 느낀다는 것이다.

그런데 이런 묘한 정서는 나만이 느끼는 건 아닌가 보다. 친구 H도 역시 아랫사람에게 이름을 불리면 기분이 나쁘다고 한다. 그래서 때때로 고무줄처럼 나이를 늘인다. 한두 살쯤 또는 서너 살쯤 늘여 언니 노릇을 하고 싶은 거다. 대체로 나이를 속이는 것은 흔한 일이 되어 있다. 주민등록하고 다른 것이 탄로라도 나면 주민등록이 잘못되었다는 핑계를 댄다. 글쎄, 사실인 사람도 있었겠지만 그 비율이 얼마나 될까. 이런 것들이 자기는 윗사람 노릇 하고 싶다는 유치한 심리가 아니었을까.

이 같은 정서는 어디서부터 온 것일까? 왜 이렇게 우리나라 사람들은 호칭에 민감할 뿐만 아니라 나이에도 집착할까? 찬찬히 생각해보면 유교문화 탓이다. 유교문화는 장점도 많지만 현대에는 단점도 많아서 신분의식, 가부장의식, 남존여비사상 등은 모두 유교사상의 잔재라고 할 수 있다.

그런데 정작 유교의 발상지인 중국의 경우에는 오히려 우리보다 존대어도 거의 없고 사람과의 차이를 나이로 따져서 엄격하게 하지 않는다. 같은 아시아이며 유교문화를 받아들였던 일본도 역시 정도의 차이는 있지만 심하지 않은데 우리나라만 유독 특별한 걸 볼 수 있다. 약간의 손위 사람을 어떻게 불러야 하나를 고민할 만큼 자못 심각하다.

이런 탓에 나이가 많으면 취직을 못한다. 능력의 여부보다는 '나보다 나이 많은 자를 어떻게 반말을 하며 아랫사람으로 부린단 말인가' 라는 생각이 은연 중 지배적이어서 나이 많은 사람은 갈 곳이 없다. 이런 심리의 이면에는 사람을 수평적인 관계에서 보는 것이 아니라 어떻게 하든 격차를 두려고 한다는 데 있다.

:: 존대어 유감

갈등은 호칭에서만 끝나지 않는다. 존대어 체계에도 그런 마음은 살아 있다. 이런 존대어를 지키려는 심리를 가만히 들여다보면 사람의 관계를 수직으로 세우려는 마음이 들어 있는 것은 아닐까.

일례로 한 외국인은 한국의 호칭에 대한 어려움을 호소한다. 교과서대로 언니, 오빠, 아저씨라는 호칭이 실제에서는 별로 통용이 안 되더라는 것이다. 나이가 비슷해도 아무개씨 하면 기분 나빠하는 것 같고 존대어 역시 윗사람에게는 존 댓말, 아랫사람에게는 반말이라는 공식에도 잘 맞지 않더라 는 것이다. 존대어와 반말이라는 미묘함에다 밑도 끝도 없이 외워야 하는 호칭에 이르면 그만 기절하기 일보직전이라는 것이다. 외국인의 입장에서 본 한국의 호칭과 존대어는 정말 어렵다는 말로 호소한다. 미국이나 중국 같은 나라에서는 이 름을 부르면 끝날 일을 꼭 호칭으로 대신해야만 하는 일은 외국인에게 자못 난감할 터이다. 그래서 같이 고민해 주다가 조언이라고 한다는 말이, 상대의 신분이 어정쩡하면 '저기 요'라고 부르라는 웃지 못 할 일까지 생겨났다.

이에 관해 흥미로운 이야기가 있다. 중국에서 한국어를 전 공하고 한국에 유학한 중국학생 왕 샤오링은 <한국 리포 터>에서 다음과 같이 말하고 있다.

1) 한국인의 공동체 구조는 수직적이다. 1학년이 2학년에게 고개를 숙이고 2학년은 3학년에게, 3학년은 4학년, 4학년은 교수에게, 교 수는 총장에게 총장은… 한국인은 그들의 세계를 생물계의 먹이사 슬과 똑같이 만들었다. 이 사슬에서 위아래를 정해주는 기준은 두 가지, 나이와 권력이다.(중략)
　중국의 외국어 대학교에는 이런 이야기가 나돈다고 한다. 1학년 때는 똑같지만 2, 3학년만 되면 서양 언어 계열을 배우는 여학생 과 한국어, 일어를 배우는 여학생의 분위기가 많이 달라져서 한눈

---

1) 왕효령, 〈한국리포트〉, 가람기획

에 구별할 수 있을 정도라는 것이다. 영어를 배우는 여학생들은 명
랑하고 활발하며 당당하다. 하지만 한국어와 일어를 배우는 여학생
들은 부드러운 반면 수줍음이 많고 위축되어 있다고 한다. 한국어
과가 제일 조용하고, 여자 친구들의 목소리는 갈수록 작아지더라는
것이다. 내가 보기에도 그렇다. 우리 반(한국어과)이 제일 조용하
고, 여자 친구들의 목소리는 갈수록 작아지더니, 3학년이 되자, 세
번째 줄에 앉은 여학생의 목소리가 강단에서는 들리지 않을 정도가
되었다. 다소 억지스러울지 모르겠지만, 존댓말을 사용함으로써 드
디어 한국인의 수직적 구조에 편입하는 데 시간을 좀 더 단축시킬
수 있었다고 생각한다.

왕 샤오링은 비교적 객관적 시각으로 한국어 존대어 체계
와 인간과의 관계를 밝히고 있다. 이미 존대어의 언어체계에
서 나름대로 수직적 구조에 편승하게 된다는 것이다. 왕 샤
오링의 관찰이 전부 옳다고 할 수는 없지만 일면 수긍이 되
는 부분이 있음을 부정하지 못한다.

이에 관해 최봉용 씨는 한국인은 존비어 체계를 갖춘 독
특한 언어를 사용하는 까닭에 모든 사물을 존비(尊卑)관계로
바라보려는 무의식적 인지구조를 형성하고 있으며, 이에 따
라 대등과 호혜 관계보다는 차별과 억압 관계를 더욱 당연
하고 편안하게 여기는 경향이 있다는 것이다. 존비어 체계에
바탕을 둔 언어의 차등에서 발생하는 차별과 억압은 미국이
나 중국과 같은 나라에서는 찾아보기 어려운 것으로서, 한국
만이 갖고 있는 매우 독특한 점이라는 것이다. 이와 같은 차
별적 구조에 대해 그는 저서에서 나름대로 해결책을 제시하

고 있다.

2) 존비어체계를 두고서는 진정한 시민사회를 이룩하는 것은 불가
능하다. 만약 우리가 대등한 인간관계나 민주적 인간관계를 선호하
여 존비어 체계를 청산하려고 한다면 어떻게 하면 가능할까? 이때
우리는 사암 정약용이 신분제도에 대해 가졌던 생각에서 실마리를
얻을 수 있다.

정약용은 〈발고정임생원론〉에서 지배층이 양반의 숫자가 계속
늘어나 세상이 어지러워진다고 크게 걱정하는 것에 대해서 "나에
게 소망이 있으니, 그것은 나라 안의 모든 사람들을 양반이 되도록
하여, 나라 안에서 양반이 사라지게 만드는 것이다"고 말하고 있
다. 이와 마찬가지로 우리가 모든 사람들에게 높임말을 붙이게 되
면 자연히 낮춤말이 없어지게 되어, 말이 평등해지면서 인간관계가
한층 대등하게 될 것이다.

말이 평등하지 않은 상태에서 인간관계가 평등해지기를 바라는
것은 음식을 먹지 않은 상태에서 배부르기를 기다리는 것과 같다.
차별 가운데 가장 근본적인 차별이 바로 말투의 불평등에서 비롯하
는 차별이다.

인간관계를 가만히 들여다보면 존대어나 호칭을 통해 사
람을 수평적인 관계에서 보는 것이 아니라 어떻게 하든 격
차를 두려고 하는 심리가 작용한다. 약간의 손윗 사람을 어
떻게 불러야 하나를 고민할 만큼 자못 심각하다. 생각으로는
만만하여 친구 삼고 싶지만 상대가 응해줄지가 의문이다. 괜
히 불렀다가는 상대가 기분 나빠할 것 같아 못 부르고 어정
쩡해하는 경우가 많다. 그래서 점잖고 나이 많은 일부의 식

---

2) 최봉영, 〈한국 사회의 차별과 억압〉, 지식산업사

자층에서는 호를 지어 대신하기도 한다. 호란 몇 살의 간격도 관계없이 흉허물 없이 부를 수 있는 묘한 부분이 있기 때문이다.

하여간 우리나라 사람처럼 이름 부르기를 꺼려하는 민족도 없다. 이름은 도대체 어디다가 쓰려고 그러는지 꼭 호칭으로만 불러야 이런저런 구설이 없다. 게다가 별로 친하지도 않은데 윗사람이 아랫사람에게 반말하면 같이 반말로 치받는 일이 발생하기 때문에 둘 다 머쓱한 관계가 되기 십상이다. 그러나 이런 호칭이 단점만 있는 것은 아니다. 언니 동생으로 부르며 흉허물 없이 각별한 사이로 발전하기도 한다.

갈등이란 건 어느 사회에서나 존재하고 시대를 막론하고 늘 있기 마련이다. 그러나 요즘 우리 사회를 보면 사안(事案) 하나를 두고 그 어느 때보다도 첨예하게 대립되어 있는 것을 볼 수 있다. 명심보감에 '사람은 앞에 있으나 마음은 산이 몇 개가 가로막혀 있는 것과 같다'는 말처럼 서로 평행선을 달리기 일쑤다. 이런 갈등의 이면에 호칭이나 존대어가 자리잡고 인간관계의 수직적 체계를 더욱 공고히 하고 있는 것은 아닐까.

일본에서 공부했던 딸아이가 집에 올 때 일본친구를 데리고 왔다. 서로 이름을 부르며 살갑게 굴기에 또래인줄 알았더니 7살 연상이었다. '그럼 친구가 아니라 언니네' 하고 말했더니 딸아이 말이, 우리나라니까 그런 게 존재하지 다른 나라에서는 없는 일이라는 것이다. 프랑스에서 공부했을 때는 친구 아버지한테도 이름을 불렀다는 것이다. 할 말이 없어진 나는 '그것 참 불쌍놈의 나라네!' 하면서 히히 웃었다.

호칭에 관한 우리나라만의 특수성, 예의가 발달해서라고 볼 수도 없고 아무튼 씁쓸함과 더불어 묘한 측면이 있는 것만은 사실이다.

불로소득의 계절

도서관에 가려고 집을 나섰다. 초가을 아침의 쌀쌀한 바람이 시리게 코끝을 스친다. 어느새 호주머니에 손을 넣고 싶을 만큼 기온이 낮아졌다.

문득 발밑에 노란 알이 눈에 뜨인다. 나는 발끝으로 노란 알을 살살 건드렸다. 미끌하면서도 고린내가 진동하는 열매를 발끝으로 살짝 짓이기면 딱딱한 은행 알을 만난다.

마침 지난밤에 내린 비바람으로 은행은 여기저기 떨어져 있었다. 이게 웬일인가. 어느새 한 주먹이나 되는 은행을 주울 수 있었다. 은행을 줍는 재미는 꽤나 쏠쏠하였다. 나는 회심의 미소를 짓는다. 은행 알은 비싼 편이다. 이런 때 길에 떨어진 은행 알을 공짜로 주울 수 있다는 것은 행운일 뿐만이 아니라 불로소득을 하는 즐거움이 크다.

다 줍고 나니 정말 아쉬웠다. 더 있었더라면 하는 마음에 고개를 들어 나무를 올려다보니 노란 은행 열매가 여기저기 살짝 숨어서 나를 내려다본다.

저것들을 더 가질 수 있다면…….

나는 돌을 주워 들고 힘껏 나무를 향해 던진다. 돌에 맞아 후드득 열매를 떨어뜨리길 바랐던 것이다. 짧은 나의 팔로 얼마큼 던질 수 있었을까. '에게' 소리가 나올 만큼 가지 중간 정도에도 미치지 못하고 돌만 떨어져 내린다. 다시 손을 들어 여러 번 힘껏 던진다. 역시 마찬가지다. 나는 차츰 약이 올라 나무를 올려다보고 투덜댄다.

가지면 가질수록 더욱 가지고 싶은 인간의 욕심. 나는 욕심 많은 인간의 한 전형인가 보다. 한 주먹이나 주웠는데도 더 가지고 싶어 나무를 돌로 때리다니. 자연은 한없이 베푸는데 인간의 이기심은 그 끝을 모른다. 나무가 인성을 가진 생물이라면 나를 원망할 것 같다.

어떤 문우의 콩트가 생각난다. '은행털이 대작전'이라는 콩트였는데 어느 교회의 여전도회에서 은행을 털기로 모의하였다.

남 집사: 일단은, 윤 집사님, 손 집사님 차에 편승해서 사거리 우리은행 앞 가로수 밑에서 집결합시다.

윤 집사: 좋습니다. 쭈욱 눈여겨봐 뒀는데 확실히 그쪽 은행이 빵
　　　　 빵하더라구요.
손 집사: 요번 작전만 성공했다아~하면, 까짓 거 이참에 대한민국
　　　　 의 은행이란 은행은 모조리 다 털어 버립시다요.
남선교회원들: 좋아요, 좋아!

〈박강월 작 『은행털이 대작전』 중에서〉

　그런데 우연히 엿들은 목사가 금융기관인 은행을 털기로
하는 줄 알고 고민하였다. 알고 보니 여전도회에서는 가로수
은행나무를 털어 그것을 팔아 불우이웃을 돕겠다는 이야기
였다.

　은행이라는 같은 단어를 가지고 전혀 상반된 이야기로서
오해를 불러일으킨다는 문우의 재치가 놀랍다. 나는 은행나
무를 올려다보며 그 콩트를 떠올리며 미소를 짓는다.

　내 손 안에 있는 은행을 바라보니 흐뭇하기 이를 데 없다.
가을은 역시 불로소득의 계절이다. 언젠가는 들길을 가다가
커다란 대추나무 앞에서 대추를 주운 적도 있고 산에서 밤
나무를 만나 밤을 오붓하게 주운 적도 있었다. 그때마다 즐
거웠다. 역시 가을은 결실의 계절임을 외치며 달작지근하고
고소한 알밤을 아드득아드득 씹어 먹었다.

　가을은 풍요와 결실의 계절, 자연은 인간에게 끝없이 베풀
고 자신의 몸마저 모조리 내어 주고 있다. 나는 은행나무 밑
을 걸어가며 가을의 풍요를 만끽하고 있다.

시장을 보며

주부라면 누구나 살림에 대한 고민을 하게 된다. 매일 되풀이되는 살림살이에 넌덜머리를 가끔 내기도 하지만 그렇다고 피해갈 수 있는 것도 아니다. 저녁반찬이 마땅치 않지만 그럭저럭 먹기도 내키지 않는다.

오늘 저녁 반찬은? 매일 하는 걱정 아닌 걱정이기에 무얼 사겠다는 구체적인 계획도 없이 시장을 가기로 했다. 계획이 있다고 해도 뾰족한 수가 없기는 마찬가지이다. 세련되게 식단이라도 짜 놓고 거기에 맞추어 점심에는 무엇 무엇을 해 먹고 저녁에는 요것조것을 해 먹었으면 좋으련만 그렇게 마음껏 사고 싶은 대로 살 만큼 주머니 사정이 녹녹하지가 않다.

시장엘 들어서니 눈에 띄게 사고 싶은 물건도 없고 모든 게 심드렁해 보인다. 갖은 나물류와 해산물과 온갖 상품들이 즐비하지만 풍요 속의 빈곤이다.

생선가게 앞에 서 보았다. 탱탱하게 물 좋은 오징어, 집게 발을 벌리고 이리저리 허공을 찌르고 있는 게, 먹음직스럽게 도톰한 먹갈치, 해물탕에 넣는 조개류, 싱싱한 굴과 멍게, 해삼…….

얇은맛이 일품인 도톰한 먹갈치를 사고 싶지만 너무 비싼 값이다. 얼큰한 해물탕이 해 먹고 싶지만 해물탕에 넣어야 할 게나 굴도 입이 벌려질 만큼 높은 가격이다. 예전을 떠올려 보았다. 어려서 우리 집은 하인천 부두가 가까웠다.(그때 는 연안부두가 건설되지 않았었다.)

배 들어오는 사리 때가 되면 부두에서 큰 함지박에 생선 을 받아 머리에 인 아줌마들이 골목골목을 누볐다. 지금은 엄두도 못 낼 만큼 비싼 민어나 조기가 흔했다. 갈치 같은 것은 싸고 흔해서 제철이면 절이고 말리고 신물나게 먹었다.

예전에는 바다가 오염되지 않아 그만큼 생선도 많이 났다 고 한다. 산업화, 공업화의 정책이 좋은 먹거리가 나는 환경 을 다 내버리고 이제는 생선도 거의 수입품이 아니면 시장 에서 팔 게 없단다.

(문명이란 인간의 행복한 삶에 얼마나 기여를 하는 것인가.)

쓸데없는 망상에 머릿속은 만리장성을 쌓고 있는데 생선 가게 아줌마가 친절한 듯 웃으며 채근을 한다.

"글쎄요…… 뭐가 좋을까."

두리번대던 내 눈에 배를 째어 슬쩍 소금을 뿌린 임연수가 가격을 매겨놓은 팻말과 함께 눈에 띈다.

"임연수가 괜찮네요. 그걸 주세요."

아줌마가 도마 위에 올려놓고 생선 대가리에 칼질을 하려는 순간 '아차'한다. 저 임연수가 배를 째고 소금을 뿌려 1차 가공을 한 걸 보면 한물간 생선이지 싶다. 어쩐지 좀 싸다 싶더니……. 생선 장수에게 물어보나마나 싱싱한 생선이라고 펄쩍 뛸 것이기 때문에 잠자코 주는 대로 받는다.

그간의 경험으로 보아 시장 물건의 1차 가공은 그 저의가 의심스럽다. 풋고추들도 오래 되면 꼭지가 먼저 시든다. 그러면 꼭지를 따고 팔면 외관상 감쪽같다. 사는 입장에선 꼭지를 따는 수고를 덜어서 좋아라 하지만 이건 영락없이 볶아 놓으면 질기고 맛이 없게 마련이다.

배추도 시들면 푸른 겉잎은 벗겨 내고 깔끔하게 묶어 놓는다. 살림한 햇수가 얼마 되지 않았을 땐 잘도 속았지만 이제는 정확하게 가려낼 줄도 안다. 봄에 나오는 마늘이나 가을에 김장 배추 같은 것은 어느 때 사야 가장 싸게 살 수 있는가도 알아맞힐 수 있을 만큼 구렁이가 다 되었다.

시장 안에서 어슬렁어슬렁 두리번대는데 어디선가 쿵짝쿵짝 흥겨운 음악이 들린다. 쳐다보니 요란한 현수막이 보이고 사람 모양을 본뜬 기다란 애드벌룬이 펄럭펄럭 바람이 부는 대로 기세를 돋운다. 새로 개업한 마트였다.

개업한 마트는 으레 물건을 싸게 팔기 마련이기 때문에

안으로 들어가기로 했다. 슈퍼 안에는 손님들의 흥을 돋우느라 노래방기기까지 설치해 놓고 흥겨운 즉석 노래자랑을 벌인다. 이번 기회가 아니면 노래 부를 기회가 다시는 없다는 듯이 사회자는 갖은 우스갯소리로 넉살을 떤다. 누구네 엄마가 한 곡조 뽑자 화장지 한 타스가 주어진다. 공짜라면 양잿물도 마다하지 않을 나이지만 워낙 음치인지라 그냥 지나치고 만다.

무엇을 사겠다는 목적 없이 들어왔지만 예상 외로 싼 게 너무 많다. 우선 잔뜩 사다 쟁여 놓을 궁리부터 한다. 감자는 오래두고 먹어도 썩지 않을 음식이니 많이 사고, 시금치 따위는 두고 먹을 저장식품은 안 되니 적당히 사야 하고, 아니 이게 웬일? 여러 가지 요리에 두루두루 쓰이는 당면이 반값 밖에 안 하잖아. 이것도 왕창 사재기. 오이도 싸니까 모처럼 만에 오이소박이를 담가야지. 냉면이 싸구만, 오늘 저녁 메뉴는 냉면이다. 싸다는 것만 족족 골라서 사재기를 한다.

알뜰 부인은 충동구매를! 이럴 때 외치고 싶은 말이다.

어느 잡지에서 보았었나. 주부들의 충동구매를 자제해야 한다고. 마치 충동구매하는 부인들을 헤프기 이를 데 없는 것처럼 묘사해 놓았지만 내 경우 그렇지만도 않다. 이럴 때 충동구매를 해 놓지 않으면 마음에 드는 물건을 싸게 사기란 그리 쉬운 일이 아니다.

쇼핑이 끝났으니 음식 만들 일이 남았다. 모든 일이 다 그렇지만 음식도 예외는 아니다. 신경을 쓰고 정성을 들여 만든 음식은 식구들의 사랑을 받는다. 하지만 하기 싫어 대충해 놓은 음식은 맛도 없고 남아 있기 일쑤다. 들인 재료와 정성이 아까워서라도 먹긴 해야겠는데 먹기 싫기는 나도 마찬가지이다.

아이들 보고 먹자고 해도 거들떠도 안 보고 새로 만든 반찬에만 연신 젓가락이 오간다. 에구 저것들이 배불러서 안 먹지 이 맛있는 걸 왜 안 먹어 하고 투덜댄다. 그럴 때면 영락없이 내가 어릴 때 싫어하던 잔소리 많은 어머니의 모습이다. 식구들에게 타박받는 반찬이라도 금방 쏟아 버리기가 아깝다. 냉장고에서 식탁으로 들락날락 며칠을 헛걸음 친 음식은 약간 상한 듯싶다 할 때까지 못 버린다. 결국 상해서야 쓰레기로 버려지니 괜히 알뜰한 척 하는 것만 같다.

누구나 다하는 살림 아무것도 아닌 것 같은 살림이 나를 때론 짜증나게 한다. 치우고 쓸고 닦고 정돈해 놓으면 집안 살림은 다시 그만큼의 무게로 내게 달려든다. 수시로 해야 하는 반찬 걱정에 가계부의 적자를 면키 위해 요모조모 궁리를 쉬지 않아야 한다. 예전에 친정 어른의 말씀이 귀에 들리는 듯하다.

"살림? 그건 참 쉽고도 어려운 게야. 암 그렇고말고 십 년만 해 보아라. 그게 그리 쉬운 겐가."

그때는 내가 갓 결혼한 새댁이었던 때라 "아 그래요." 하고 수긍하는 척했지만 그까짓 살림하는 거야 조금 하다 보면 별게 아니려니 생각했는데 지금 와서 생각해 보니 그 말이 딱 맞는 듯싶다. 익숙한 것 같다가도 영 헤매게 되는 것이 살림이 아닐까. 이렇게 어렵게 여겨지는 살림이건만 요즘 신세대 주부는 사뭇 다른 것 같다. 그들은 우리 세대처럼 절약하기 위해 애쓰는 것처럼 보이지는 않는다.

내 친구 하나는 자기 집에 신혼살림을 세 주었더란다. 새댁이 첫아이를 낳았는데 일회용 기저귀로 아이를 키우고 꼭 인스턴트 이유식을 아기에게 먹이더라고 했다. 그래서 그 친구는 새댁에게, 일회용 기저귀 대신 헝겊 기저귀를 쓰면 경제적으로도 얼마나 도움이 될 것이며 인스턴트 이유식으로 아이를 키우는 것은 좋지 않다고 말했다고 한다.

그러자 새댁은 자기가 헝겊 기저귀를 써 가면서 고생하는 걸 누가 알아주겠냐고 하면서 일회용 기저귀를 계속 사용하더란다. 또한 물건을 쉽게 사거나 버리기도 하고 살림에도 싫증을 내는 것 같더라고 했다. 그 친구 하는 말이 새댁은 자기주장에 대해 비교적 뚜렷한 것 같았으며 물건 하나라도 아끼고 절약하던 우리 세대와는 확실히 다르더라고 했다.

싼 물건을 찾기 위해 먼 길을 마다하지 않고 가기도 하고 구질구질한 물건 하나를 못 버려 망설이는 우리 세대보다는 신세대 주부가 산뜻해 보이기도 한다. 몇 푼 안 되는 돈을 절약하기 위해 들이는 노력보다는 자기 개발을 위해 투자하는 주부가 훨씬 현명해 보인다.

찬장 구석에서 지청구를 대면서까지 아깝다는 이유 하나
만으로 음식을 버리지 못하는 미련보다는 통조림 음식이라
도 적절하게 사용할 줄 알며 항상 정돈된 부엌을 가지고 있
는 신세대 주부가 부럽기만 하다.

하지만 우리 세대는 50~60년대의 어려운 시절을 거치고
어떻게 하든 잘 살아 보겠다고 물불을 가리지 않고 몸부림
치던 70년대의 추억을 아직도 잊지 않고 있으며 또한 이만
큼이라도 살게 되기까지 우리 사회 한 귀퉁이를 떠받치는
버팀목이었다고 자위라도 해야 할까.

아버지

엄동설한이라는 1월인데도 날씨가 초봄처럼 따뜻하다. 따스한 양지쪽에서는 꼬물꼬물 아지랑이라도 피어오를 것만 같다. 나는 흐려지는 눈시울을 감추려 고개를 숙였다. 돌아가신 아버지의 장례를 치루는 날인데 한겨울의 날씨는 그분의 성품만큼이나 따뜻하다. 살아 계실 때 그토록 집착하던 모든 것을 놔두고 아버지는 이승을 떠나신 것이다.

아버지는 참 유별난 인생을 살아오신 분이었다. 아무에게도 인정을 받지 못하고, 떠도는 아웃사이드였던 것만큼은 틀림이 없는데 본인은 그걸 인정하지 않고 있었다. 아버지는 4살 때 어머니를 여의셨다. 어머니가 죽은 것도 모르고 시신 옆에서 장난을 치며 놀았다니 그 애처로움이 눈에 선하다. 아버지는 새어머니를 맞으셨다. 새어머니는 남편에게는 좋은 아내였을지 모르나 전실 자식인 아버지에게는 모진 분이었다고 한다. 밥 먹을 때도 호된 꾸지람을 듣기 예사였고 무엇 하나 마음대로 하게 해 주지 않았다고 한다.

할아버지는 사업을 하던 분으로 상당한 재산가였으나 아버지에게까지 자상한 아버지가 되어 주진 못하였다. 위로 누님이 한 분 있을 뿐인 아버지는 외로운 어린 시절을 보냈다. 성장한 아버지는 일본으로 유학을 가셨다.

그리고 나의 어머니와 결혼하고도 수많은 이야깃거리를 만들어 내었다. 무모하게 학교를 설립하려다가 실패하고 빚에 쫓기던 일, 다른 여자를 얻어 물의를 일으켰던 일은 모두에게 비난받을 일이었다. 나는 덕분에 이복동생이 여러 명있다. 처자식을 제대로 부양하지도 못하면서 아버지는 끊임없이 새로운 여자와의 관계를 만들어 냈다. 나는 자라면서 아버지를 통해 세상에 가장 중요한 것은 거창한 학벌도 아니요 재산도 아니요 처자식을 잘 보살피는 필부의 삶이라고 생각하게 되었다. 그만큼 아버지에게 불만이 쌓여 갔다.

어린 시절이란 부모의 능력 여하에 따라 결정되어지는 수가 많다. 그런 아버지의 슬하에 있었던 만큼 나는 평탄한 어린 시절을 보내지 못했다. 제때 내야 하는 학비는 늘 밀려서 선생님의 재촉을 받는 것은 일상이었고 돈과 관계된 것은 마음대로 해 보지 못했다.

물론 부모의 경제적 능력이 자식들의 행복을 좌우하는 것은 아니다. 그러나 우리 형제는 경제적 궁핍과 더불어 가정의 불화가 겹쳐 정신적으로도 고통을 겪어야 했던 것이다.

그런 우리 형제들이 결혼한 후에도 아버지는 자식들을 꽤나 성가시게 했다. 우리는 어릴 적 추억과 맞물려 아버지를 원망했다. 그리고 늙은 아버지를 예사로 푸대접했다. 내 머리에 맴돌았던 생각은, 부모가 자식에게 아무것도 해 준 것이 없으면서 어찌 자식의 효도를 바랄 수 있느냐는 것이었다.

최근에 아버지는 막내 이복동생과 생활하고 계셨다. 그런데 아프시다는 소식을 이복동생이 전해 왔다. 나는 아버지를 찾아뵈었다. 아버지는 멍울 같은 것이 목 부분에 생겨나 목이 많이 부어 있었다. 인근 병원에 갔으나 큰 병원에 가 보라고 했다는 것이다. 나를 보자 아버지는 기운이 나시는지 일어나 앉으시며 늘 하던 대로 큰소리를 쳤다. 나는 어이가 없었다. 그리고 다시 아버지가 미워졌다. 난 문을 나서며 이복동생에게 아버지를 곧 입원시켜야겠다고 말했다. 그러나 의료보험 카드 때문에 차일피일 지체되었다.

며칠이 지난 다음에 다시 찾아뵈었을 땐 이미 병세가 심상치 않았다. 인근 종합병원을 찾으니 암인 것 같다며 목 부분이라 위험하니 대학병원으로 가라고 하였다. 대학병원에서는 여러 가지 검사 끝에 암은 아니라고 했다. 그러나 아버지의 당뇨가 너무 심해서 수술을 할 수 없다고 했다.

아버지를 누군가 간호해야 하는데 모두들 외면했다. 밤에는 이복동생이 지키고 나는 딸과 함께 교대로 아버지를 지켰다. 인천과 서울을 오르내리는 데 지쳐서 위험하다는 의사의 반대에도 무릅쓰고 인천에 있는 병원으로 아버지를 모시기로 합의를 보았다. 내가 하루 종일 아버지를 지키던 날 아버지는 살려는 의지가 대단했다. 억지로라도 음식물을 넣으려고 하고 무엇인가 자꾸만 요구했다. 나는 다시 아버지가 미워졌다. 나는 이렇게 소리치고 있었다.(뭐 하러 살려고 애를 쓰시오. 무슨 영화를 보겠다고. 아니면 아버지 때문에 애달파하는 자식이 한 명이라도 있다고…… 살아서 무엇 하려고 하시오) 하고 말이다. 얼른 돌아가셨으면 하는 마음뿐이었다.

그런데.

다음날, 직장 일을 끝내고 돌아오는 길에 차 안에서 아버지 생각이 났다. 남동생의 말이 떠올랐다. '아버지 얼마 사시지 못할 것 같아. 진지를 전혀 드시지 못하는데.' 하고 말했던 것이다. 갑자기 아버지가 불쌍하다는 생각에 목이 메었다.

나는 얼마 전부터 감기에 시달린 탓에 기침이 계속해서 터져 나왔다. 나는 운전대를 부여잡고 계속 기침을 해야 했다. 기침으로 얼굴은 시뻘게지고 숨이 차오르자 어린 시절이 떠올랐다. 어린 내가 기침을 해 대면 아버지는 누구보다도 안타까워하셨다. 그랬다. 아버지는 내가 심한 기침으로 파랗게 질려 있을 때 그 따뜻한 품으로 나를 안고 병원으로 데려가셨다. 내가 배고팠을 때 따뜻하게 먹여 주고 꽁꽁 언 손을 녹여 주었던 것도 아버지였다. 내가 어떻게 아버지를 잊을 수가 있는가. 자식인 나는 아버지를 미워할 수가 없는 것이다.

아버지는 결코 매정한 사람이 아니었다. 누구보다 인정이 많은 사람이었다. 우리 형제가 그나마 각박한 생활에서도 빗나가지 않고 자라 준 것은 아버지의 착한 심성이었을지도 모른다. 그리고 아버지가 세상을 살아감에 있어 저지르는 일은 어쩌면 자신도 어쩔 수 없는 숙명 같은 것이었을 게다. 세상 모두가 아버지를 손가락질하더라도 자식인 나는 그리해서는 안 된다. 그럴 수 없다. 아버지를 미워해서는 결코 아니 된다. 아버지가 얼마나 사실지 모르지만 내가 할 수 있는 최선의 노력을 다해야 한다. 눈 오는 밤길에서 나는 눈물을 흘리며 다짐하고 있었다.

그날 저녁 남편과 딸아이가 병원에서 늦게 귀가하였다.

"장인어른 말야. 차도가 많이 있으셔. 날더러 수염도 깎아 달라 하고 자꾸 옷매무새를 여미시던걸."

남편의 말에 딸애도 동의하며 할아버지가 미음도 계속 드시고 하셔서 그런지 기운이 좀 나시는가 보다고 말했다. 나는 내 결심이 흔들리지 않기를 기도했다. 다음날 예정된 대로 아버지를 인천에 있는 병원으로 모실 생각이었다. 그리고 퇴원하더라도 우리 집으로 모셔야겠다고 생각하고 있었다.

그런데 새벽에 이복동생이 전화를 했다. 아버지가 돌아가셨다는 것이다. 언제인지 정확하게 시간을 알 수 없지만 주무시듯 돌아가셨다는 것이다. 갑자기 당한 일이라 우왕좌왕하는 가운데 장례식은 경황없이 치러졌다.

아버지가 더 오래 사셨더라도 내가 눈 오는 날 밤 결심했던 대로 아버지를 정성으로 봉양하게 되었을지는 의문이다. 다른 형제들의 무관심 속에 내 마음도 흔들렸을지 모르는 일이다. 사람의 마음처럼 간사한 것은 없기 때문이다.

아버지의 삶을 통해 나는 세상에서 가장 중요한 것이 무엇일까 하는 생각을 해 본다. 가정을 도외시한 것이라면 설령 위대한 예술가일지라도 훌륭한 삶이라 할 수 없지 않을까.

세상을 살아가는 근본은 가정일진대 아버지의 어린 날은 잘못 채워진 첫 단추처럼 사랑 없는 가정에서 성장했음이 불행의 시초였을 것이다. 어머니와 처음 만났을 때도 장모님이 꼭 일찍 여읜 친어머니 같아 결혼을 결심했다고 할 만큼 아버지는 어머니의 정을 그리워했다.

한 많은 이 세상을 하직한 불쌍한 우리 아버지, 저세상이 있다면 좋은 곳에서 태어나세요. 그리고 다음 생이 있다면 우리는 좋은 인연으로 다시 만나요.

나는 아버지의 불행한 삶을 생각하며 울고 또 울었다.

유년의 뜨락

'진달래 먹고 물장구치고 다람쥐 쫓던 어린 시절
눈사람처럼 커지고 싶던 그 마음 내 마음'

언젠가 유행했던 노래가 지금도 가끔 머리에서 맴돈다. 눈사람같이 커지고 싶던 어린 마음은 있었어도 진달래 먹고 다람쥐 쫓던 시절이 내겐 없었다. 도시에서 어린 시절을 보내고 중년을 지냈으니 없을 수밖에.

남들처럼 아름다운 고향 산천이며 흐르는 냇물이 어쩌고…… 해야 하는데 아쉽게도 그런 추억이 나에겐 없다.

나는 생각해 본다. 아마도 산 좋고 물 맑은 곳에서 태어났더라면 지금보다 훨씬 순수했을 것 같고, 문학적인 감성도 지금보다 뛰어났을 것이라고 말이다.

내 고향 인천, 동인천 일대에서 어린 시절을 보냈다. 어릴 때의 동인천 일대는 지금처럼 유흥가와 상점들이 즐비했다.

그리고 인천의 중요한 관공서들이 몰려 있었으며 교통의 중심지로서 버스와 그 밖의 차량들이 매연을 날리며 지나는 복잡한 곳이었다.

어둠이 깔릴 무렵이면 낮에는 잠잠하던 술집들이 활기를 띄고 여자들은 요란한 화장과 야한 옷으로 치장을 하고 나다녔다. 큰길가에 위치한 상점들의 화려한 진열장은 도시 어린이 나름대로 재미있는 구경거리였다. 빙글빙글 춤추며 돌아가는 인형이라든가 제과점의 화려하고 멋진 장식의 삼단 케이크 같은 것은 가장 가지고 싶은 것들이었다. 얼른 어른이 되어 돈을 많이 벌어 저런 것들을 사야겠다고 생각했다.

자유공원에서 여러 가지 놀이기구를 타는 것은 큰 즐거움이었다. 지금은 수봉공원에 있는 놀이기구들이 그전에는 자유공원에 있었다. 돈을 내는 놀이기구들은 흔히 탈 수 없었지만 우리는 자유공원에 자주 올라갔다. 시원한 홍예문 밑에서 또는 맥아더 동상 밑에서 소꿉놀이를 하기 때문이다. 어릴 때는 홍예문이 상당히 웅장하다고 생각했었는데 어느 날가 본 홍예문은 '에게' 소리가 나올 만큼 협소한 것이었다. 차량이 서로 교행을 할 간격도 없는 작은 문인 것에 놀라고 말았다. 그 시절은 국도도 2차선 아니면 4차선 정도였으니 홍예문도 당연히 규모가 크다고 생각했던 것이다.

늘 같이 놀던 언니가 초등학교에 입학했다. 어느 날 몹시 심심했다. 아무도 없는 마당에서 손가락으로 그림을 그리며 혼자 놀다가 언니가 보고 싶었다. 기다리다가 언니를 찾아 나서기로 했다.

"아스 껙끼여- 껙끼나 하-더."

내가 제일 좋아하는 아이스케키 장사를 골목에서 만났다. 아이스케키를 사먹으며 내 딴에는 먼 길을 타박타박 걸어 학교로 갔다. 학교 운동장은 어린 나에게 아득하게 넓었다. 화단 옆에서 이름 모를 꽃도 들여다보다가 풀도 뜯어보다가 손가락으로 땅바닥에 그림도 그렸다. 그러기를 얼마 후 혹시 언니를 못 찾을까 봐 따갑게 햇볕이 내리쬐던 교문 앞에서 쪼그리고 기다렸다.

얼마를 기다렸을까.

언니가 저만큼에서 친구들과 재잘거리며 걸어 나오고 있었다. 너무나 반가워서 '언니' 하고 반색을 하며 소리쳤다. 언니는 나를 힐끗 쳐다보더니 냉랭하게 쏘아붙인다.

"너, 뭐 하러 왔니."

그렇게 반가웠던 나와는 달리 언니는 아마 내가 귀찮았나 보다. 아니 새로 사귄 친구 때문에 동생 따위는 거들떠보기 싫었나 보다.

아! 그때의 절망감과 서러움.

나는 풀이 죽어 언니 뒤를 죄인처럼 따라갔었다.

2~3일에 한 번씩 우리 동네에 오는 엿장수가 있었다.

얼굴엔 늘 함박웃음을 웃으며 큰 소리로 엿을 사라며 가위를 쩔꺽거린다. 동네 아이들이 하나 둘씩 모이기 시작하면 커다란 엿 한 덩어리를 뚝 떼어서는 "이거 누구 먹을래." 하고 큰 소리로 외치면서 엿을 든 손을 높이 쳐든다. 그러면 새까맣게 모여든 동네 아이들은 서로 달라고 아우성을 치곤 했다.

그중 목청이 크고 봉숭아 학당의 맹구처럼 '저요'를 연발하며 제일 날뛰던 아이에게 그 몫이 돌아가곤 했다. 나처럼 용기 없고 목소리 작은 여자아이는 전혀 차례가 돌아오지 않으리라는 걸 알면서도 혹시나 하는 기대감에 살며시 손을 들곤 했다. 병이나 고물이 생기면 잘 모아 두었다가 꼭 그 엿장수를 기다리고 또 오기만 하면 괜히 신이 났다. 온 동네 아이들도 다른 엿장수는 거들떠보지 않고 그 엿장수를 기다렸다. 아마 그 엿장수도 지금은 늙었으리라. 자못 그의 거취가 궁금해진다. 지금은 큰 부자가 되었을 것도 같다. 그 시절 나름대로의 판매 방법을 개발하여 손님을 끌었으니 그 상술로 뭐든 하면 잘 했을 것 같다.

엿이나 강냉이도 좋은 간식이었지만 가게에서 하는 군것질은 늘 감질이 나곤 했다. 일 원짜리 껌은 입에서 잘 녹아 버리기 때문에 큰맘 먹고 삼 원짜리 풍선껌을 사서 씹는 날은 제법 호사를 하는 셈이다. 하루 종일 풍선을 불며 씹었어도 아쉬워 달력 뒤에다 붙여 놓고 그 이튿날 다시 떼어 내어 씹었다. 씹다 싫증나면 껌 속에다 크레용을 조금 넣은 다음 씹는다. 빨간 껌도 만들어 씹고 파란 껌도 만들어서 씹었다. 그때부터는 어른들한테 들키지 않도록 조심을 해야 한다. 크레용 넣은 껌을 씹는 걸 알면 혼이 나기 때문이다.

부드러운 쇼빵(지금의 카스텔라)과 라무네(사이다)는 매일 먹고 싶었다. 아이들은 쇼빵을 음악가 쇼팽 이름과 비슷하다 하여 쇼팽빵이라 불렀다. 코끝이 싸해지는 라무네가 마시고 싶어 골치가 아프다며 꾀병을 부린 적도 있었다. 툭 하면 아프다고 드러눕는 나였기에 조금 아픈 척만 해도 내 말을 다 들어주기 때문이다.

몸이 약한 것은 도시 생활만 해서 그런 것은 아니었을까. 어릴 때에는 특히 감기가 끊이지 않았고 기관지염과 축농증은 늘 앓는 고질병 중의 하나였다. 엎어지면 코 닿을 곳에 학교가 있어서 남들처럼 시오 리씩 걸을 일도 없었고 맑은 공기 마시며 뛰어다닐 산과 들이 없었기 때문이었을까. 오늘날까지 심신이 끈기 없고 참아 내지 못하는 것은 어린 날의 열악한 환경 탓일 거라는 생각이 들기도 한다.

나는 책도 좋아했지만 만화책도 무척이나 좋아했다. 밤 늦는 줄도 모르고 만화책에 열중하다가 집에도 못 들어가고 야단맞던 일들도 잊을 수 없는 추억이다.

추억은 아름답다고 했던가.

어릴 적 기억을 돌이켜 보면 마음은 부드러워지고 향수에 젖는다. 비록 뛰어다닐 산과 들은 없었으나 풍덩 뛰어들고 싶도록 늘 맑게 갠 푸른 하늘과 흰 솜을 포개 놓은 듯한 하얀 구름을 쳐다보며 마냥 상상의 나래를 펴기도 했다.

나처럼 도회지에서 자라는 우리 아이들은 이다음에 자라면 무엇을 추억할까? 고작 T.V프로나 비디오 무슨 프로가 재미있었다고 추억할까.

내가 누려 보지 못한 자연의 품을 아이들에게도 물려주지 못하는 게 못내 안타깝다. 돌아오는 일요일에는 약수터라도 데리고 가서 자연을 벗하게 해 주어야겠다. 아이들에게 고운 유년의 추억을 갖게 하고 싶다. 소중한 추억들을 심어 주기 위해 정말 노력하고 싶다.(1992)

야무진 나의 꿈

아파트는 꼭 저렇게 고층으로 올라가야만 하는 것일까? 뿌연 하늘마저 가려진 빌딩 숲에서 나는 작은 멀미를 한다. 전국적으로 벌어지는 재개발 붐과 더불어 몇 년 전부터 우리 동네에도 대규모 저층아파트 단지를 재개발하였다. 그 후 들어선 고층 아파트들이 시야를 가로막고 버티고 있다. 평당 천만 원대를 호가하는 고급아파트라고 호들갑을 떨지만 부럽다는 생각은 전혀 안 든다. 차라리 먼젓번 저층아파트가 훨씬 나았었다는 생각은 편협한 나만의 생각일까.

길을 건너려 교차로 신호등 앞에 발길을 멈추었다. 푸른 신호등이 켜지자 경주하듯 새까맣게 몰려드는 차량의 행렬, 매캐한 매연과 먼지 속으로 빨려들듯 사라져 가는 자동차와 사람들…… 차량이 뿜어내는 먼지와 소음 앞에 답답함을 더할 뿐이다. '이렇게 열악한 환경 속에서 살다가는 몸과 마

음까지도 자동차처럼 마모되어지는 것은 아닐까' 하는 공포
심과 함께 삶의 회의마저 생긴다.

　이렇게 피곤한 도시생활을 끝내고 싶다는 생각이 불현듯
고개를 든다. 넉넉하고 평화로운 전원생활을 하다가 갑자기
지저분하고 옹색한 도시생활을 한 게 아니건만 도시 생활에
짜증이 나고 억울하기까지 한 이 기분이 드는 것은 나도 나
이를 먹고 있다는 것이리라.

　나는 어려서부터 도시에서 살았다. 그래서 아마 시골에 대
한 막연한 동경 같은 것이 자리잡고 있는지도 모르겠다. 마
음속에 고향처럼 느껴지는 농촌으로 돌아가고 싶다는 생각
을 오래전부터 해 왔다. 텃밭에는 상추랑 고추랑 심고 마음
착한 아낙이 되어 사랑하며 살고 싶었다. 앞마당엔 고양이가
졸고 바둑이는 졸졸 내 뒤를 따라 다닐 것이다. 눈부신 햇살
이 쏟아져 내리는 마당에서 방금 깬 병아리와 어미닭에게
나는 모이를 주리라. 토끼도 두어 마리 기르면 어떨까.

　들에 있는 참새도 나는 친구로 만들 수 있다는 생각을 한
다. 언젠가 산속에 사는 사람이 야생의 산새들과 어울리는
것을 T.V에서 본 적이 있다. 남들은 신기하게 생각했겠지
만 가능한 일이라 여긴다. 몇 년째 잉꼬 새를 길러 본 경험
에 의하면 새들이 사람과 사귀고 가까이 하는 것은 얼마든
지 있을 수 있는 일이다. 새끼 때부터 길들여진 잉꼬 새들이
아이들 손바닥에 앉는 것은 물론이고 새장 안을 제 마음대

로 들락거리며 집 안을 날아다니기도 했다. 그것을 가능케 하는 것은 동물과의 교감이며 사랑이다. 상상은 마음껏 나래를 펴고 내 마음은 구름 속에 머물고 있다.

그러나 농촌에 대한 나의 생각은 환상에 지날지도 모른다. 내리쬐는 햇빛만 보아도 주근깨 생길 것을 걱정하며 인상을 찌푸리는데 뜨거운 태양 아래서 하는 밭일을 참아 내기란 아마 어려울지도 모른다. 또한 자연에 대한 나의 무지함으로 텃밭조차 제대로 가꿀 수 있을지가 의문이다.

언젠가 남편이 누구에게 얻었다며 쪽파 씨를 내게 가져다 준 일이 있었다. 그저 씨니까 땅속에 묻히기만 하면 되는 줄 알았던 나는 숟가락 하나를 들고 나가 아파트 화단에다 한 순갈 흙을 퍼내고 쪽파 씨 하나를 떨어뜨리고 다시 흙으로 덮고 하기를 반복하였다. 저녁에 돌아온 남편이 나의 무지함에 혀를 차며 다시 흙을 고루고 땅을 일구어 심어 놓았다.

같은 동에 친하게 지내던 부인이 있었다. 그 집에는 사시사철 화초가 푸르렀다. 천정에 닿을 듯한 키에 무성한 잎사귀를 자랑하는 행운목이며 고무나무, 꽃 피우기 까다롭다는 각종 난이 즐비했고 일년생 화초까지도 형형색색 꽃을 피웠다. 화초라고 사 놓으면 어쩐 일인지 죽어 버리기 일쑤인 나와는 대조적이었다. 그 부인이 화초에 들이는 정성도 대단하지만 줄곧 농촌에서 자랐다고 하는 걸 보면 식물에 대한 이해가 나와는 비교도 되지 않을 것 같았다.

그 부인과 같이 동네 공터에다 텃밭을 일군 적이 있었다. 내 손으로 가꾼 비료 안 준 쌉쌀한 상추를 먹어 보리라는 것이 소망이었다. 굳어진 땅을 일구는 것이 그렇게 힘든 일인 줄은 그때 처음 알았다. 얼마를 땀 흘려 호미질을 했어도 제대로 못 해 내는 나를 보고 어려서 시골서 자란 그녀가 거의 거들다시피 하여 씨 뿌리기를 끝냈다.

하지만 그 뒤 부실한 관리로 만족한 수확을 하지 못하였음은 내게 농사가 쉽지 않으리라는 것을 일깨워 준 계기가 되었다.

오래전 신혼 때 남편을 따라 그의 고향에 간 일이 있었다. 그때 따라간 시골은 보다 현실감 있게 다가왔다. 농촌의 밤길은 반짝이는 별을 세며 바라보아야 하는 낭만은 고사하고 깜깜하기가 그지없었다. 도시의 환한 가로등에 길들여진 나는 혼자서는 절대로 못 나가는 공포를 그때 경험했다.

자연이 인성(人性)을 가진 인격체라면 나에게 이런 말을 할 것 같다.

(당신이 자연으로 돌아가고 싶다는 것은 불만에 찬 현실을 벗어나고 싶다는 감정의 사치일 뿐 아무것도 아니요. 오물과 뒤범벅이 된 진흙길을 신발에 묻히는 것조차 꺼려하는 당신이 어떻게 자연을 보듬어 사랑할 수 있겠소.)

하지만 세상사 쉬운 일이 어디 있을까. 나도 이제는 풀벌레 하나라도 애정을 가지고 사랑하며 극복할 수 있을 것이다. 농사를 지어서 생계를 할 수는 없더라도 텃밭을 일구는 지혜쯤은 얼마든지 얻을 수 있으리라.

벼르고 별러 이번 가을, 강화에 집을 구입하였다. 그림 같은 전원주택은 아니지만 튼튼하게 지어진 집이다. 뒤에는 야트막한 동산이 자리하고 앞에는 작은 시내가 눈을 시원하게 하는 조촐한 집이다. 지난번 잔금을 치르러 그 집을 방문했는데 이웃의 마음 좋은 할머니가 아는 척을 하셔서 나도 반갑게 인사를 드렸다. 그리고 그 할머니를 점찍어 두었다. 내년 봄 입주하면 할머니를 자주 찾아가기도 하고 별식도 만들어 같이 나누다 보면 어느 때 씨 뿌리고 거두는 지혜쯤은 함께 나눌 수도 있으리라고 내심 욕심을 키웠다. 가능하다면 내가 좋아하는 온갖 과일나무와 약초도 심어 보리라는 야무진 꿈도 가져 본다.

그 생각만 하면 생활이 즐겁기만 하다. 새로운 삶에 적응하기 위해서 중요한 것은 나이를 먹지 않을 일이다. 세월의 나이는 어쩔 수 없더라도 삶에 대한 도전과 사랑을 잃지 않을 열정의 나이를 먹지 않을 일이다.

돌아가고 싶다.

고향이 농촌이 아니라 돌아간다는 말이 어울리지 않지만 마음속의 고향인 흙이 숨 쉬는 농촌으로 내년 봄에는 돌아가리라.

잊지 못할 선생님

나에게는 잊지 못할 선생님이 한 분 계시다. 내가 중학생이었을 때였다. 내가 좋아하는 국어시간에 선생님이 처음 들어오셨다. 마르고 키가 큰 분이었다.

당시 우리 반 아이들은 모두 선생님을 좋아했다. 그 이유는 공부를 참 재미있게 가르쳐 주신다는 거였다. 이야기도 많이 해 주시고 수업이 지루하지 않았다. 나는 선생님을 특히 좋아했고 가끔씩 갖는 작문 시간에도 열심이었다. 선생님은 때때로 나를 지목하셔서 시키는 일이 있었다. 그래서 뒤에 앉은 친구가 선생님이 너를 귀여워하신다고 삐쭉대기도 했다.

어느 날 선생님이 들어오셔서 수업을 진행하고 있었는데 갑자기 누군가가 킥킥대고 웃었다. 선생님의 양말에 구멍이 났다는 거였다. 철부지였던 우리들은 "선생님 왜 구멍 난 양말 신고 오셨어요?" 하고 짓궂게 물었다. "응 마누라가 없어." 하신다. "왜요?" 하고 우리들이 재차 물으니 "우리 마누라 이런 것도 안 챙겨 주고 밥도 안 해 줘." 하고 말씀하신다. "그런 법이 어디 있어요?" 하고 우리가 목청을 높이니 "우리 마누라가 도망갔거든." 하셨다. 순진했던 우리들은 그 말을 그대로 믿었고 나는 선생님이 어쩐지 외로워 보인다고 생각하였다.

선생님은 그때 도서관 담당이셨는데 나는 책을 좋아해서 도서관에 자주 들렀다. 선생님은 또 책 빌리러 왔구나 하고 웃으시며 책을 내주곤 하셨는데 선생님이 주시는 책은 어찌나 재미가 있었는지 시간 가는 줄 모르고 읽었다. 그래서 나는 날마다 책을 한 권 읽어야 집으로 가곤 했다.

우리 학교에는 1년에 한 번 발행되는 교지가 있었는데 중, 고교가 함께 실리는 문집이라서 지면이 협소했다. 그래서 좀처럼 글이 실리기 어려웠다. 그런데 1학년 전체 학생 중에서 내 글이 실려 있었다. 선생님이 뽑아서 실어 주신 것이었다. 나는 부러워하는 아이들 틈에서 한동안 영웅이 된 기분이었다.

그런데 선생님이 전근을 가신다는 소리가 들렸다. 그때 새 학년이 시작되면서부터였는데 나는 슬펐다. 내가 좋아하는 선생님이 가시다니. 조회 시간에 땅만 내려다보고 있었는데 선생님이 다가오셨다. 내 머리를 쓰다듬으며 앞으로 글도 열심히 쓰고 책 많이 읽으라고 말씀하셨다. 나는 부끄럽기도 하고 눈물이 나오려는 걸 참으려고 고개를 숙이고 있었다. 선생님이 가시고 난 후 글쓰기에 흥미를 잃어버렸다. 나는 점차 문학은 나와 상관이 없는 것이라고 생각하였다.

세월이 흐르는 동안 나는 선생님을 잊어버렸다. 그런데 아이들이 점차 커질수록 내 안에서 반란이 일고 있었다. 나는 무엇인가. 가슴속에서는 구멍이 뚫리고 무언가에 갈증이 일었다. 내가 할 수 있는 일이란 아무것도 없는 것 같았다. 나는 무엇에 이끌리듯 문학을 생각하기 시작했다. 시도 한 편, 두 편 써 보기 시작했고 글에 대한 걸음마를 시작했다. 그런데 불현듯 선생님이 떠올랐다. 아무에게도 내보이기 싫은 내 글, 되지도 않는 끼적거림일망정 선생님께는 보여 드리고 싶었다.

모교로 수소문해서 전근 가신 곳을 알아내어 다시 전화를 걸었더니 모 대학 교수로 계시다는 거였다. 선생님이 계신 곳을 알아낸 것만 해도 기쁜데 교수까지 되신 것에 대해 경외심이 일었다. 그런데 뜻밖인 것이 독문과 교수라는 것이다. 나한테는 국어 선생님이었는데 나는 어리둥절했다.

전화를 하니 무척 반가워하셨다. 내가 쓴 글을 우편으로 보내 드렸다. 독문과 교수일지라도 내게는 언제까지나 국어 선생님이라고 생각했다. 선생님은 작품에 손을 대서 미안하다는 말과 함께 아직까지도 문학에 대한 열정을 버리지 않아 기쁘다는 내용의 편지를 보내오셨다. 그리고 박 모 씨의

에세이집을 읽어 보라는 충고를 해 주셨다. 이후 선생님이 일러 주신 글을 읽고 그 영향을 많이 받은 것 같다.

나는 선생님을 뵈러 학교로 갔다. 20년 이상이나 되는 오랜 세월, 다시 만난 선생님은 왠지 서먹했다. 어렸을 때도 키가 크신 분이라고 생각했는데 오랜만에 만난 선생님은 키가 더 크신 것 같았다.

내가 어려서 구멍 난 양말 사건을 이야기해 드리니 허허 하고 웃으시며 내가 그랬었나 하시더니 나 그때 총각이었어. 몰랐니? 하고 말씀하신다. 나는 어이가 없어 깔깔대고 웃었다. 그런데 눈치도 못 채고 선생님이 하시는 말씀을 곧이곧대로 듣다니 어지간히 순진했던 우리들이었다.

그러나 선생님을 만나 뵌 이후로 한동안 글을 쓸 수가 없었다. 쓰고 싶다는 욕망은 간절한데 글이 써지지 않았다. 나는 괜히 글 쓰네 하고 선생님을 찾아뵌 게 부끄러워 연락도 드리지 못했다.

어느 날 딸애의 친구가 우리 집에 왔는데 갑자기 눈을 빛내며 우리 집에 있는 책을 보고 자기 고모부가 쓴 책이라고 했다. 그 책은 선생님이 번역하신 '독일어 시간'이라는 책이었다. 딸애의 친구가 선생님의 조카라니. 선생님과의 인연이 참 신기하게 느껴졌다.

그러다가 수필가로 문단에 이름을 올렸다. 선생님께 연락을 드리니 누구보다도 기뻐하셨다. 학교로 다시 찾아가니 선생님은 그새 머리가 허옇게 변하셨다. 몸도 더 마르신 것 같았다. 나는 선생님이 가로등 같다고 생각하였다. 어린 내게 불을 밝혀 주시던 선생님, 언제까지나 가로등처럼 불을 밝혀 주시리라 믿고 싶다. 내 글이 실린 책과 최근에 써 놓은 글을 드리니 글이 많이 좋아졌다며 칭찬을 하셨다.

내게 좋은 일이 자꾸 생겨 선생님을 기쁘게 해 드리고 싶다.

선생님과의 인연이 너무 소중하다.

자연을 닮고 싶다

시장을 나갔다. 봄을 맞아 더욱 풍성해진 가게들은 저마다 물건을 보기 좋게 진열하기에 바쁘다. 한입에 먹기 맞춤한 방울토마토, 단물이 철철 넘치는 딸기, 보기에도 시원스러운 수박들이 손님을 기다리고 있다. 뿐인가. 야들야들한 열무와 달래, 냉이, 취나물, 돗나물 등 각종 푸성귀들이 입맛을 돋운다. 만 원어치를 샀는데 바구니가 풍성하다. 열무는 커다란 것 한 단에 팔백 원, 재배한 돗나물도 어찌된 일인지 두 근에 오백 원이다. 몸매가 날씬한 오이는 여덟 개에 천 원이다. 야채를 싸게 산 날이면 횡재라도 한 듯 기분이 좋다.

시장은 사람들로 붐볐지만 팔리지 않은 열무와 쪽파는 쌓여 있었다. 한 단에 오백 원 하는 쪽파를 두 단 사니 한 보따리다. 무심코 야채를 받아들면서 이 야채들을 키우기 위한 땅과 농민의 수고로움을 잠시 생각해 본다. 저것들을 생산하기 위해 대지는 얼마나 숨이 찼을까. 농부는 미처 생산비에도 못 미치는 농작물을 거두며 무슨 생각을 했을까. 생명을 키우기 위해 몸 바친 농민과 대지의 고단함에 가슴이 아프다. 농약과 비료로 얼룩져 신음소리로 가득한 대지를 생각하면 죄책감마저 느낀다. 그런데도 언제나 도시민은 야채가 싸기만을 바라고 야채 값이 오르면 비싸다고 안달을 한다.

나는 몇 년 전에 주말 농장을 한 일이 있었다. 농사라고는 생전 처음 해 보는 것이라서 신기하기만 했다. 사실 농장이라고 해 봐야 겨우 4~5평 정도를 갈아엎는 것인데 그나마도 밭주인이 비료 주고 거름도 주어서 우리가 하는 것이라고는 겨우 씨를 뿌리거나 거두어들이는 일뿐이었다.

호미질마저 서툴러 호미질은 남편이 하고 나는 씨앗만 뿌렸다. 그리고는 밭 앞에다 'ㅇㅇㅇ 농장'이라는 작은 팻말을 써 붙였다. 가느다란 고추 모종은 봄바람에 한들한들 빈약하게만 보였지만 나는 그곳에서 농작물을 거둘 생각에 흐뭇하기만 했다. 그걸 본 동생의 표현에 따르면 '미친년 엉덩이'만한 땅덩이를 갈아엎은 걸 가지고 웬 농장씩이냐는 것이다.

농장엔 휴일마다 갔다. 나는 이 일이 몹시 재미있었다. 내가 씨앗을 뿌린 땅에서 고추도 열리고 가지도 열리는 것을 보는 것이 너무나 신기했다. 쑥갓은 처음에는 파릇한 것을 삐죽이 내밀었지만 어느 정도 자라니까 그 자라는 속도가 가히 놀랄 만 하였다. 일주일 만에 가 보면 한 길이나 자라 있었다. 또 고추는 어떠한가. 간들간들 풀잎만 한 모종 하나가 나무처럼 크게 자란 것도 신기한데 자기 몸에 겨웁도록 열매를 달고 또 달았다. 그리고 끝도 없이 꽃을 피우고 열매가 열렸다. 내가 확인하는 일은 하늘의 축복을 감탄하는 일이었다. 내가 한 일은 아무것도 없었다. 작은 모종 하나를 건성으로 심기만 했을 뿐이었는데 하늘은 풍부한 태양과 촉촉한 비로 축복을 내려 주었고 땅은 그것을 거두어 튼실하게 키워 주었다.

작은 씨앗 하나로 이만큼 풍성한 수확을 거둘 수 있다니. 이렇게 확실한 축복이 어디 있단 말인가. 이것이 바로 하느님의 은총이로구나 하고 감사한 마음이 절로 넘쳤다. 하늘은 이토록 인간에게 베푸는데, 인간끼리 아옹다옹 못 살겠다고 할 일이 무엇인가 하는 생각도 잠시 들었다.

무릇 사람의 성취도 저러한 것은 아닐까. 처음엔 있는 듯 없는 듯 미미하다가 어느 순간에 자기도 모르게 부쩍 자라 버리는 것은 아닐까. 그건 재능일 수도 있겠고 인격일 수도 있겠다. 그러기 위해선 부단히 노력해야만 하리라.

같은 씨앗에, 같은 땅에, 거름도 동일하게 주었는데도 어떤 씨앗은 좀 자라다 말기도 하고 어떤 것은 나보란 듯 하늘을 향해 왕성하게 자라고 있다. 아예 싹만 틔우다 만 놈도 있다. 그런 것까지 인간사와 닮아 있다. 농사를 지으면서(농사랄 것도 없지만) 나는 이렇듯 개똥철학(?)까지 터득한다.

식물도 스스로 노력하는 것일까? 그것들도 마음이 있어 스스로를 키우고 성장시키는 것일까. 아마도 그렇다면 순수한 자유, 순수한 활동력, 그리고 조건 없는 노력일 것만 같다.

그들은 남과 비교하지 않을 것이다. 시기하지도, 탐하지도 않을 것이다.

자연을 닮은 사람이 되고 싶다. 순정(純情)의 노력으로 최선을 다하여 크게 자라나는 그 자연스러움을 닮고 싶다. 편안한 자연의 마음을 닮고 싶은 것이다.

친 구

여고 때 G라는 친구가 있었다. 어느 날
그 애가 우리 반으로 들어왔다. 그 친구는 나보다 키가 훨씬
컸으므로 내 짝이 될 아이가 아니었다. 그런데 마땅한 빈자
리가 없었던지 나와 짝을 하게 되었다. 처음 그 애를 유심히
살펴보니 요즘 말로 하면 '날라리'요 그때 말로 하면 '노는
애' 같았다. 단발머리였지만 가르마를 옆으로 타지 않고 가
운데에 가깝도록 모양을 냈다. 머리끝도 동그스름하게 보기
좋게 잘랐다.

나는 그 애가 싫었다. 저런 '노는 애'와 짝이 된 게 무척
실망스러웠다. 다시 얼굴을 살펴보니 눈도 작아서 속도 좁을
것이라고 짐작을 했다. 처음엔 말도 하지 않았다. 하지만 학
교만 오면 마주치는 그 애를 아주 외면할 수만은 없는 일이
었다. 사소한 일로 이야기를 하게 되었는데 그 애는 내가 가

지고 있던 선입관과는 달리 마음이 누구보다도 따뜻했다. 나는 점차 그 애와 친해졌을 뿐만 아니라 그 애를 몹시 좋아하게 되었다. 그래서 틈만 나면 둘이서 쏙닥거렸다. 많은 이야기를 나누었는데 무엇인지 기억이 잘 나지 않지만 그 애의 가정사만큼은 지금까지도 또렷하게 남아 있다.

그 애는 불우한 유년 시절을 보냈다. 초등학교 1학년 때 아버지의 사업이 망하게 되어 거주할 곳이 없었다고 한다. 그래서 허허벌판에 천막을 치고 온 식구가 생활하게 되었다. 설상가상으로 집 나간 어머니 때문에 자신은 어린 나이에도 밥을 해 먹으며 학교를 다녀야 했다. 점심은 물론 먹지 못했고 학교에서 급식으로 주는 강냉이 빵도 동생에게 갖다 주려고 먹지 않았다. 먼 길을 걸어 집으로 돌아갈 때에는 배가 너무 고파서 손톱만큼씩 빵을 떼어 눈물과 삼키며 갔다고 한다.

그 애의 오빠는 혹독한 추위와 굶주림과 싸우면서도 공부만은 열심히 했다. 술에 취해 밤에 들어온 아버지는 아들에게 이따위 공부는 해서 뭣하냐며 책을 불태우기도 했지만 오빠는 이에 굴하지 않고 사과 궤짝을 책상으로 삼아 때로는 울면서 공부를 하였다. 그리고 검정고시로 서울대학교를 가게 되었다고 한다. 그래서 G가 고교를 다닐 무렵에는 고등학교 교사가 되었다. 그 후 다른 오빠들도 자립하여 형편이 나아진 것이라고 했다.

나도 그 시절에는 가정이 불우하다고 여겼는데 그 애의 말은 충격적이었다. 그러면서 그 애는 이런 과거 이야기는 아무한테도 한 일이 없다는 것이다. 나는 그 애에게서 깊은 신뢰감을 느꼈다. 그래서 나도 아무에게도 말 할 수 없었던 이야기를 G에게는 할 수 있었다.

그때 시절에 불량 학생이라면 공부하기 싫어하고 머리나 교복 모양이 좀 이상하고 남학생 친구가 있다는 정도였다. 그 애는 어린 시절을 엉터리로 보냈기 때문에 기초 실력이 없었던 터라 공부에 흥미를 붙일 리 만무였다. 그래서 그녀는 소위 말하는 불량 학생이 되어 갔던 거였다. 나는 그 애와 친하게 되면서 '겉모습이 불량한 학생=나쁜 애'라는 등식에 수정을 가하게 되었다.

주유소에서 기름을 넣게 되었다. "어서 오세요." 하면서 반기는 아가씨를 보니 멋쟁이 10대 소녀였다. 머리에는 부분 염색을 하고 자그마한 귀에서는 예쁜 귀고리가 달랑달랑 흔들렸다. 내 옆에 앉았던 사람이 "저런 기집애들, 저거 아무 짝에도 쓸모없는 것들이야." 하고 말하였다. "어째서죠?" 하고 내가 묻자 "저 모양새를 봐, 저런 것들은 공부도 하기 싫어하고 대부분 불량학생이었거나 집을 가출한 것들이야." 하고 말했다.

나는 잠자코 듣고 있었다. 하지만 마음속 깊은 곳에서는 연민이 일었다.

정말 그럴까요. 주유소에서 기름을 넣게 된 것이, 불량 학생이 된 것이 그들만의 탓일까요? 그들의 대부분은 부모를 잘못 만났겠죠. 부모를 잘못 만났다는 것은 꼭 경제적인 것을 의미하지는 않지만 자신을 이해해 주지 않는 부모 혹은 가난하거나 무지한 부모 밑에서 그들은 성장을 했겠죠. 떨어진 학교 성적도 부담이 되었을 테고 가출을 했다면 그들은 좀 더 자유로운 세상을 살고 싶었던 건 아닐까요. 그들은 어떤 일이든 해야 했을 텐데, 그들이 하는 일을 천하게 봐 준다면 그들이 인정받아야 할 세상은 어디에 있다는 말인가요. 그 어린 아가씨도 아름다운 꿈을 가지고 있을 거예요. 그래요. 내 친구 G도 그때는 불량 학생이라는 말을 들었죠. 나도 G처럼 머리나 교복을 모양내고 싶었지만 주위의 따가운 시선이 무서워서 하지 못했어요. G와 나는 다만 그 차이일 뿐이었어요. 하지만 그 애는 누구보다도 따뜻한 마음을 가진 친구였어요. 지금은 그 애가 어떻게 사는 줄 아세요. 누구보다도 성실하고 착한 가정주부예요. 경제적인 안정도 누리고 있고요. 그래요. 겉모습만 보고 사람을 판단하는 일은 없어야 해요. 그리고 세상은 원래부터 악인이 없다는 것을 믿어야 한다고 생각해요.

상대방에게 하지 못한 말은 소리 없는 아우성이 되어 속에서 들끓고 있었다. 나는 왠지 콧날이 시큰해 왔다.

어느덧 시야에는 아파트로 들어서는 입구가 보였다. 나는 집 안에 들어서자마자 전화 수화기를 들었다. 갑자기 친구 G가 보고 싶었기 때문이다. 수화기 저편에서 그녀의 활기찬 목소리가 전해졌다.

"호호호, 한 달 전부터 김밥집을 열었어."

"뭐, 갑자기 웬 김밥집? 김밥 부인 옆구리 터졌겠네!"

"그래, 네 말이 맞아. 묘진아."

그녀의 까르륵 하는 웃음과 함께 정겨운 음성이 수화기를 통해 흘러나오고 있었다.

딸들아, 보아라

　제가끔 자기 일에 여념이 없는 착한 딸들아, 얼마나 힘이 드니. 특히 둘째는 입시 준비에 늦은 밤까지 학교로, 학원으로 너무 애를 쓴다는 생각이 드는구나. 노력한 만큼 좋은 결과가 있기 바란다.

지금 시간은 밤 2시, 오늘 밤은 왠지 눈이 말똥말똥 잠이 오지 않는구나. 아빠도 안 계시고 첫째도 엠티 가고 둘째는 친구네 집에서 잔다고 하는구나. 집 안에 막내와 나만 있다 보니 허전한 생각이 들어서인가. 늦게까지 책도 보고 하였더니 잠이 저만치 달아났는가 보다. 지금 내가 읽고 있는 책은 『논어 인생론』이라는 책이다. 옛 성현 공자의 생애와 그의 철학을 I 선생께서 쓰신 글인데 정말 가슴에 와 닿는 말이 많구나. 그래서 이 편지를 쓸 생각이 들었는지도 모르겠다.

애들아, 요즘 나는 많은 회의를 느끼기도 하고 반성도 하게 된단다. 채련이의 유부초밥 사건을 계기로 내가 과연 자식을 어떻게 키우고 있는가에 대한 의문이 끊임없이 일어나는구나. 내가 채련이의 방문을 무심코 열었을 때 채련이는 혼자 초밥을 먹고 있었다. 나는 웬 초밥을 먹고 있냐고 물었고 채련이는 "아까 학교에서 오다가 샀어." 하고 아무렇지 않게 대답했지만 나는 방문을 닫고 돌아 나오며 배신감이 들었다. 아니 이럴 수가? 엄마에게는 먹어 보라는 소리도 안 하고 저 혼자 먹다니…… 괘씸하다는 생각이 들자 야속한 마음은 눈덩이처럼 커졌다.

사실 그건 아무렇지도 않은 사건일 수 있었다. 하지만 속 좁은 나는 그렇지가 못했단다. 내가 아이들의 엄마 자격이 있는가를 되돌아보게 하는 사건이었단다. 채련이의 일은 부모로서 서운함도 그렇지만 그렇게도 믿었던 큰딸이 한 행동이기에 실망도 컸단다. 물론 아무렇지 않게 생각할 수도 있겠지. 그러나 그게 잘 안 되는 거야. 채련이가 아무렇지도 않은 얼굴로 '별것도 아닌 것 같고 그런다.'라는 표정을 지을 때 이건 어쩌면 세대 차이에서 오는 문제일 수도 있다는 생각을 했어. 그렇더라도 섭섭한 마음은 남아 있는 걸 어쩌겠니. 하지만 신기하지. 그토록 맺혀 있던 마음도 이삼일 지나니까 눈 녹듯 사라지고 말았어.

또 최근 들어 여러 가지 반성을 하게 된다. 부모란 자식을 올바른 길로 인도해야 하는 의무가 있는 것인데 나는 도대체 무엇을 했다는 말인가 하는 생각이 든다는 거야. 그 반성의 첫째는 너희들의 모범이 되지 못했다는 것이지. 바쁘다는 핑계로 늘 살림도 지저분한 모습만 보여 주었고 뭐든 나의 이익이 되는 쪽으로 말을 해 온 건 아닐까 하는 것이야.

또한 막내의 반항도 이런 것 같애. 내가 아이에게 자꾸 강요를 하지 말아야 하는데 나 또한 욕심이 많다 보니 이것저것 따져 묻고 왜 엄마가 생각하는 대로 따라오지 않는가 하고 강요를 하게 되고, 아이는 아이대로 내게 불만을 품게 되는 것 같다.

그리고 두 번째는 너희들과 너무 시시덕거렸다는 거야. 부모란 좀 위엄이 있어야 아이들이 어려워할 줄 알고 잘 따를 텐데 같이 웃고 지내다 보니 친구처럼 되어 버렸다는 거야. 이렇게 되다 보니 내가 너희들을 가르칠 수 없게 된 거야. 내 말에 씨가 안 먹힌다는 거지. 게다가 최근에는 나도 나이가 먹는 탓인지 필요 없는 잔소리까지 자꾸 늘다 보니 너희들이 더 싫어하는 엄마가 되어 버렸다는 점이야. 나도 너희들과 자꾸 농담이나 실없이 주고받으면 안 되겠다고 결심을 하지만 내 성격 탓도 있고 너희들이 예쁘고 귀엽다 보니 어느새 그런 생각은 없어져 버리는 거야. 옛말에도 자식을 곁으로 귀애하면 교육을 망친다는데 나는 암만해도 엄마 자격이 없는가 보다.

그래서 너희에게 바라는 건데 올바르게 자라 달라는 거야.

세상을 왜 살아간다고 생각하니? 출세하기 위해서? 돈 벌기 위해서? 물론 출세도 명예도 다 좋지만 남에게 도움이 되는 사람이 되어야 한단다. 남에게 도움이 되지는 못할망정 해가 되는 사람이 되면 안 된단다.

마음이 따뜻한 사람이 되어라. 그러려면 자신을 갈고 닦아라. 늘 바른 생각과 착한 마음씨를 지니는 사람이 되도록 노력하거라. 그것이 너희들이 세상을 편하게 살아갈 수 있는 방법이고 네 주변을 밝게 할 수 있는 것이란다.

특히 둘째는 시새움을 버려라. 시새움은 미움을 동반하고 옹졸해진단다. 옹졸한 인간에게 어찌 친구나 친지가 있을 수 있겠니. 그는 외로운 사람이 될 뿐이다. 때때로 남에게 상처 주는 말도 제발 삼가거라. 네가 말했지? 좋은 친구를 많이 사귀고 싶다고. 그렇다면 이기심을 버려라. 그러면 모두 친구가 될 수 있단다.

그리고 첫째는 너무 남을 의식하지 않는가 하는 생각이 든다. 그렇지 않다는 판단도 있겠지만 네 자신을 좀 되돌아보았으면 한다. 말을 될 수 있으면 적게 하고 자신을 삼가거라. 논어에 이런 구절이 있다. '총명하고 생각이 뛰어나도 어리석은 체해야 하고 공이 천하를 덮을 만하더라도 겸양하여야 하고 용맹이 세상에 떨칠지라도 늘 조심해야 하고 부유한 것이 사해를 차지했다 하더라도 겸손해야 하느니라.' 즉 남보다 우수한 사람의 몸가짐을 말한 것이다. 내가 생각하기에 너는 좀 남에게 말이 많지 않은가 하는 것이다. 말이 많으면 자신을 드러내려고 하게 되고 또한 심한 자신의 소모를 가져온단다.

그리고 막내야 너는 마음도 착하고 다 좋은데 엄마한테 좀 공손했으면 좋겠어. 네가 퉁명을 떨 때마다 나는 섭섭해.

너희 스스로가 올바른 길로 가도록 노력하여라. 가르침을 받는 것보다 스스로 깨달아 실천하는 것이 중요한 것이란다. 너희 자신이 노력하거라. 내가 부모로서 너희들에게 무엇을 가르친다는 것 자체가 이제는 자신도 없을 뿐더러 그럴 자격이 있는지조차도 의심스럽다. 잠 안 오는 이 밤 몇 마디 잔소리로 이만 마칠까 한다.

1998. 9. 27. 새벽 3시
엄마가

결혼식

이번 주말에도 두세 건이 될 모양이다. 지난번부터 보내온 청첩장을 꼽아 보니 토요일과 일요일에는 평일보다도 더 바쁘겠다. 결혼식이나 회갑연, 하다못해 돌, 백일까지도 청첩장은 날아온다. 별로 가깝게 지낸 적도 없는 ㄱ 씨의 아들이 결혼을 한다고 청첩장을 보내왔다. 나는 가는 것에 대해 망설이는 마음이 들었다. 그러나 남편은 큰일 치르는 집에는 꼭 가 주는 것이라고 나를 타일렀다. 비슷한 시간대에 치르는 결혼식이 또 있었으므로 남편은 다른 곳으로 가고 나는 ㄱ 씨의 아들 결혼식에 참석했다.

결혼식에는 많은 사람들로 붐볐다. 결혼식이 시작되는 식장에는 빈자리가 많았음에도 사람들은 복도에 몰려서 와글와글 떠들었다. 나도 생전 처음 보는 신랑과 신부를 진심으로 축하해 준다는 기분은 들지 않았다. 식이 끝나려면 아직

한참이나 남았는데 식장에서 만난 ㅎ 씨가 식사하러 가자는 말에 식장 내에 마련되어 있는 뷔페식당으로 갔다. 식당에는 벌써 결혼식도 보기 전에 몰려와서 식사를 하는 손님들로 붐볐다. 식장에 남아서 시끄럽게 떠들기보다는 시간도 절약할 겸 식사부터 하고 자리를 뜨려는 실속파였다. 나도 실속파답게 음식을 꾸역꾸역 접시에 담았다. 뷔페 음식은 보통 때 먹는 것보다 부실했다. 몇백 명이 한꺼번에 먹을 음식이라서 그렇기도 하겠지만 제대로 대접받지 못한다는 느낌이 들었다. 점심을 먹고 난 후 부조금으로 나간 돈 때문에 줄어든 지갑을 생각하니 허탈한 기분도 들었다.

남편은 우리도 큰일을 할 때 손님이 없어 썰렁하면 남이 보기 초라해서 민망할 수도 있다고 하고, 또 당연히 큰일 치르는 집에는 가 주는 걸 원칙으로 하고 있다. 그러나 어중이떠중이 몰려와서 부조금이나 던져놓고 떠들다 가는 것보다 정작 축하해 주는 몇 사람이라도 진정으로 와 주는 것이 뜻 있는 건 아닐까? 하지만 사회적 체면이라는 것도 무시할 것은 못 되어서 나 혼자 독불장군처럼 굴기도 어려울 거라는 생각이 든다.

우리 아이를 결혼을 시킬 때가 되면 나도 아마 저러리라. 될 수 있는 대로 청첩장을 많이 돌려 사람을 동원하려 들 것이다. 그동안 뿌려 논 게 얼마인데 하면서 부조금도 두둑하게 챙기려 들 것이다. 그리고는 들어온 부조금의 대부분은 손님들의 식사비용과 결혼식장의 비용으로 지불하게 될 것이다.

그러고 나면 진정 이득을 보는 건 누구일까? 우리는 어쩌면 장사꾼 놀음에 놀아나는 건 아닐까. 화장품도 용기만 바꾸어 값을 올리듯이 그들이 주도하여 "요즘은 이 정도는 되어야"라는 명분으로 분위기를 만들고 웨딩드레스, 예식장, 피로연이나 각종 용품들이 점점 고급화, 고비용화로 치달아 가는 느낌이다.

예전에는 결혼식에서 식사를 대접하는 것이 예의였다. 못 먹고 못 살던 시절, 노릇노릇하게 부친 계란지단과 함께 고기 고명을 얹어 내놓는 국수 한 그릇은 참 맛있는 음식이었다. 예전에는 잔치를 차리는 측에서는 허리가 휠망정 손님 측은 모처럼 좋은 음식을 마음껏이나마 먹을 수 있어 그야말로 즐거운 날일 수 있었다. 그러나 이제는 잘 먹기 위해 예식장에 가는 사람은 없다. 친한 사이여서 참석하는 경우는 그래도 다행이고 체면치레하기 위해 또는 자신의 큰일 때 손님이 없을까 봐 겁이 나서 가는 경우도 있다. 여러 곳에 내놓아야 하는 부조금이 월급쟁이에게는 만만치 않아서 "세금 고지서 또 날아왔군." 하는 자조적인 푸념도 나온다.

어느덧 돌잔치도 비슷해져 간다. 음식하기가 번거로워서, 집이 좁아서라는 이유로 일인당 몇만 원씩 하는 뷔페식당으로 초대된다. 뷔페식당에는 물건을 사들고 갈 분위기가 아니다. 예전처럼 부담 없이 조촐한 내복이라도 한 벌 사들고 놀러 갈 때와는 사뭇 다르다. 비싼 음식을 먹으려면 최소한 얼마 정도는 봉투에 넣어야 한다는 계산이 얼른 나온다.

너나없이 번거롭고 미련한 잔치 풍습이 이제는 좀 달라져야 하지 않을까. 친지 몇 사람이라도 불러 놓고 조촐하게 올리는 결혼식, 남의 눈치 안 보고 내 방식대로 살아가는 용기 있는 사람이 많이 나올 때 잔치 풍습도 달라질 것 같다.

지난번 직장에서 미혼인 동료가 결혼식을 올리게 되었다. 우리는 부조금을 걷는 문제로 약간의 실랑이를 벌였다. 나를 비롯한 비교적 나이 많은 동료가 제시한 금액에 신세대 동료들이 강한 불만을 나타냈다. 많다는 것이다. 개인적으로 들려오는 말에 의하면, 직장은 떠나면 그만인데 그 돈을 회수할 것도 아닌 바에야 많이 줄 필요가 뭐 있냐는 것이다.

그러나 나를 비롯한 나이깨나 먹은 세대의 생각은, 다음에 받고 안 받고를 떠나서 같이 지내는 동안에는 성의를 다해야 하는 것이 아니냐는 것이었고 젊은 세대는 굳이 그럴 필요가 없다는 것이다. 결국 숫자로 우세한 신세대가 이기는 걸로 결말이 났다. 결혼식은 1시간쯤 걸리는 다른 시에서 치렀다. 나는 모두들 결혼식장에 참석할 줄 알았다. 그런데 멀고 바쁘다는 이유로 갈 수 없다는 것이다. 결혼당사자였던 아가씨가 평소 동료들에게 인심을 잃어서 그랬냐 하면 절대로 그렇지가 않았다. 꼭 바쁜 사람도 있었겠지만 다들 그런 건 아니었을 것이다. 나 혼자 덜렁 결혼식에 참석했는데 당사자에게 퍽 민망한 생각이 들었다.

그때 내가 가졌던 생각은 신세대는 참 야박하리만치 계산적이라는 것이다. 정을 앞세워 두루뭉술하게 넘어가기보다는 줄 것과 받을 것을 철저하게 따져 가며 처신한다는 것이다. 이런 신세대가 소위 말하는 쉰세대(?)가 되면 지금과 같은 결혼 풍습도 사라지지 않을까. 누구네 결혼식이라고 우르르 몰려가고, 받게 될지 안 받게 될지도 모르는 부조금을 들고 결혼식장에 가는 일로 실속 없이 법석을 떠는 일은 없을 것 같다는 생각이 들었던 것이다. 오히려 지금같이 왁자한 결혼식을 부러워하게 되는 거나 아닐지 모르겠다.

어찌 되었건 바람직하지 않은 지금의 풍토가 또한 바람직하지 않은 이유로 인해 개선의 여지가 있다는 것은 반가워해야 하는 일일까 아닐까 나도 모르겠다는 것이다.

손

희고 부드러운 손을 가진 여인. 섬섬옥수 같이 부드럽고 긴 손가락을 지녔다면 한번쯤은 만져 보고 싶은 손일 것 같다. 언제부터인가 유심히 남의 손을 들여다보는 버릇이 생겼다. 친구를 만났다가 내 손과 우연히 비교를 하면서부터였다. 문득 들여다보았던 내 손이 두꺼비처럼 투박하다고 느꼈다.

내 손은 분명 이렇지가 않았는데 고운 손이라 칭찬을 들을 만큼 부드럽고 갸름했는데…… 문득 지난 일들이 후회스러워진다. 결혼 이후 살림을 하면서도 손을 보호해야겠다고 생각해 본 적이 없었다. 손이 거칠어진 건 어떤 것이 원인이었을까.

설거지나 빨래를 할 때에도 고무장갑을 끼고 했었더라면…… 더러운 물과 거친 비누로부터 손을 보호했어야 하는 건데 하는 생각에 자꾸만 후회가 되었다. 반찬이나 김치를 버무릴 때에도 꼭 맨손을 고집하던 일이 갑자기 후회스러웠다.

그 후부터 꼭 장갑을 끼고서 빨래나 설거지를 하기 시작했던 것 같다.

신혼 때에는 끓는 물에 팔 한쪽을 데인 일이 있었다. 그 당시 데인 팔뚝은 치료를 하는 동안 2차 감염까지 겹쳐 꽤 오랫동안 앓았다. 상처는 나았으나 흉터가 심하게 남았다. 남들이 모두 혀를 차며 동정을 보냈으나 나는 전혀 개의치 않았다.

불구인 사람도 있는데 손의 흉터가 무슨 대수이랴 싶었기 때문이다. 흉터는 다행히도 세월이 지남에 따라 엷어져 갔다. 마음의 상처도 이렇게 시간이 지나면 아무는 것일까. 처음에는 털구멍도 안 보이게 두텁던 피부가 차츰 제 색깔을 띠고 털이 나기 시작하여 거의 원래 모습으로 되돌아왔다. 그러나 자세히 들여다보면 검은 반점 같은 것이 생겨나 그때의 상처가 원인이 아니었던가 싶다. 지금쯤 그런 사고를 당하였다면 상심하고 부끄러워했을 것이다.

오히려 젊은 날엔 거칠어진 손이 자랑처럼 여겨지기도 했다. 한때는 아이의 기저귀를 빨아 대느라 손바닥에 옹이처럼 굳은살이 박혔었다. 그때는 부끄럽게 여기지 않고 보란 듯이 자랑을 했다. 그러나 언제부터인가 거칠어진 손이 부끄럽다고 생각하기 시작할 무렵부터 될 수 있으면 고무장갑을 끼고 일하였다.

가끔 궁리에 잠겨 본다. 손가락이 조금이라도 길어 보이려면 손톱을 좀 길게 기르고 매니큐어를 칠해 볼까 생각하지만 게으른 내가 손톱 소제니 뭐니 하면서 공들일 일이 엄두도 안 나고 무엇보다 손톱 기르는 것을 오랫동안 정성스럽게 참아 낼지가 의문이다.

어릴 때는 외할머니 무릎에 앉아 할머니 손을 유심히 들여다보곤 했었다. 아니 가지고 놀았다는 표현이 옳을 것이다. 할머니 손은 몹시 거칠어져 있었다. 뿐만 아니라 굵은 힘줄이 여기 저기 튀어나와 있었다. 손으로 꼬옥 눌렀다가 떼면 그 힘줄은 또 다시 쏘옥 올라온다. 안 올라오도록 한참 동안 누르고 있다가 떼어 내도 다시 올라온다. 눌렀다 떼는 것이 재미가 있었지만 왜 그런지 궁금했다. 그때 물어보았을 것 같은데 무엇이라 대답했는지 생각이 나지 않는다.

지금 생각해 보니 그건 일을 많이 한 사람의 흔적처럼 나타나는 것이었다. 할머니의 손은 힘줄이 불쑥불쑥 솟아 있었을 뿐만 아니라 손가락은 뭉뚝했고 닳아빠진 손끝에 손톱마저 투박했다. 할머니는 손의 거칠음과 비례하여 고생스러운 세월을 사신 것이다. 6·25 때 홀로 되시어 많은 자식들과 살기 위한 고생이 이루 말할 수 없으셨다 한다. 거칠고 갈라진 손등은 보기에도 숙연해진다.

흔히 손이 크다는 말을 많이 한다. 이 말은 마음 씀이 너

그럽다는 말과도 상통한다. 큰형님은 손이 큰 분으로 집안에 알려져 있다. 형님이 시집오실 때에는 시아버님은 돌아가시고 나의 남편은 다섯 살이었다고 한다.

> "시집을 와 보니 막내 삼촌(남편)이 어찌나 노래도 잘 부르고 웃기기도 잘하는지 정말 귀여웠지. 어느 날 아침엔 아침밥을 지으려는데 삼촌이 부엌에 나와서 아궁이 앞에 쪼그리고 앉아 있겠지. 왜 그러나 유심히 바라보니 궁둥이에서 김이 모락모락 나지 뭔가. 아마 오줌을 싸고 창피하니까 몰래 말리려던 거야. 어찌나 우습던지 웃음이 나오려는 걸 참느라 혼났네."

하고 회상에 젖으신다. 형님은 부농의 외동딸로 태어나 육남매의 맏며느리로 시집오셔서 올망졸망하던 시동생들 뒷바라지며 집안의 대소사를 묵묵히 해 오신 분이다.

큰일 때가 되면 많은 음식을 장만하신다. 이른바 손이 큰 면모를 드러내는 것이다. 작은 집들을 비롯하여 많은 식구를 조금도 싫은 내색 없이 맞아들이고 정성껏 마련한 음식으로 대접하신다. 또 집으로 돌아갈 때면 떡이며 과일 싸 보내기를 잊지 않으신다.

막내며느리인 나는 큰일 때가 되면 그저 손님인 듯 남의 일처럼 여기기 일쑤다. 속 좁은 내가 큰형님처럼 넓은 마음을 가지고 여러 형제 갈등을 다독이기란 생각지도 못할 일이다. 형님은 90이 넘어서 돌아가신 시어머니 봉양에도 극진하셨던 분이다.

또한 아주버님 역시 많은 동생과 자식들을 부양하셨던 분이다. 자식처럼 어린 계수인 나에게도 늘 공대하시고 생전을 두고 거친 말을 하신 적이 없으셨다. 그런 큰시아주버님이 몇 년 전 돌아가셨다. 나에게는 시아버님과 다름없는 분이었고 부드러운 성품을 지니신 분이셨기에 마치 부모를 잃은 듯한 슬픔이 밀려왔다.

아주버님은 인천 앞바다에 있는 섬마을에서 5남 1녀의 장남으로 태어나셨다. 보통학교를 졸업하고 가난했던 일제 치하에서 학업을 위해 어렵게 인천으로 상경하셨다. 빈곤한 섬마을에서 도시로 유학을 왔던 그에게 집에서 넉넉한 돈이 부쳐질 리 만무하였고 학창시절에는 늘 배가 고픈 힘든 시절을 보냈다고 하신다.

아주버님은 약관의 나이에 아버님을 여의시고 홀로 되신 어머님과 다섯 동생을 부양하는 가장이 되셨다. 가족을 돌보는 착한 가장인 동시에 유능하고 정직한 직장인기도 했다. 아주버님에 관한 일화가 전해진다. 1980년대에 모 재벌가에서 그에게 거액의 돈을 맡겼는데 상당한 금액의 돈이 더 들어온 것을 발견하고도 이를 그대로 돌려주었다고 한다. 이 이야기는 그가 얼마나 정직한 사람이었고 혼탁한 세상에 한 줄기 빛과 같은 존재였음을 증명해 주는 일이기도 하다. 37여 년간을 은행에서 성실히 근무한 아주버님은 지점장을 거쳐 최종 감사부장으로 정년퇴임을 한 후에도 늦게까지 직장

생활을 하시기도 했다.

아주버님은 저명인사는 아니었지만 주변에 많은 사람들이 따랐다. 평소 온화하고 남을 배려하는 따뜻한 마음씨로 일가 친척 및 집안 전체의 기둥 역할을 자처하셨고 자신의 집을 여러 사람들의 거처로 제공하기를 마다하지 않으셨다.

한때 전성기에는 많은 사람들이 드나들어 이웃집에서 여관집이 아니냐는 농담을 건넬 정도였고 한 달에 서너 가마의 쌀을 소비할 만큼 많은 식객이 붐비기로 소문난 집이기도 했다.

아주버님은 비록 많은 재산을 모으지는 못했지만 누구보다도 부자였다. 아주버님은 4남 1녀를 둔 가장으로서 지극한 효심으로 아내와 함께 어머니께 효성을 다하고 다섯 명의 동생들과 다섯 자식들을 착하고 바르게 크도록 훈육시키셨으며 누구보다도 성실한 사회인으로 성장할 수 있도록 돌본 것은 그가 이룩한 작은 업적에 불과하다.

아주버님의 남다른 점은 어려운 일에 솔선수범하고 말없이 남을 배려하는 따뜻한 마음씨의 소유자로 오른손이 하는 일을 왼손이 모르게 하라는 성경 말씀을 실천한 은자이기도 하셨다.

일가친척 및 그를 아는 모든 지인들에게 칭송받는 어른으로 성실하고 근면한 사회인으로서의 삶은 마치 나다니엘 호손의 이야기에 나오는 '큰 바위 얼굴'을 연상시킬 정도로 모든 이의 모범이셨다. 아주버님이 살아온 범부(凡夫)로서의 훌륭한 삶은 사라지지 않는 향기가 되어 많은 이들의 가슴에 훈훈하게 남아 있다.

그런 형님 내외분의 사랑과 인내가 아니었던들 오늘의 남편이 어찌 있었을까. 큰형님의 거친 손은 지난 세월의 고단함을 말없이 보여 주고 있는 것이다.

소꿉놀이 같은 홀아씨 살림살이에 조금 거칠어진 손을 보고 상심하는 내 심정은 할머니나 형님의 고생스러우셨던 세월에 비하면 너무나 부끄럽다. 내 손이 작은 살림살이하기에 거칠어진 손이라면 할머니나 형님의 손은 더 큰 사랑을 빚어 낸 위대한 손이라 할 수 있을 것이다.

추 석

며칠 있으면 추석 명절이다. 풍요와 결실의 계절, 가을에 맞이하는 추석은 풍성한 햇곡식과 상큼한 햇과일로 기쁨을 나누는 명절이기도 하다.

허수아비가 흔들대는 들녘엔 고개 숙인 벼들이 수런거리고 '농자는 천하지 대본'이라는 깃발을 앞세운 농부들의 농악놀이가 연상되는 것이 도시에서만 살아온 추석에 대한 나의 환상이다.

어릴 때에는 추석날을 기다리며 새 옷과 맛있는 음식의 기대로 설레기만 했다.

그러나 지금 맞이하는 추석 명절은 여러 가지 생각에 바쁘다.

"이번 명절을 맞아 인사치레엔 어떤 물건이 좋을까, 작년에 했던 것 말고 좀 더 색다른 건 없을까?"라든지 "음식은 무얼 장만할까?" 하는 이런저런 생각에 골몰한다. 또한 손님 맞이에 필요한 최소한의 반찬과 종류를 적당한 양과 돈에 맞춰 가늠하기에 바쁘다. 지난번 큰비로 야채값이 엄청나게 올랐는데 더구나 추석 명절이 끼었으니…… 물가가 비싸서 명절 지내고 나면 남는 돈이 없어 빠듯하겠다는 식의 걱정이다.

포기김치를 맛깔스럽게 담그고 싶지만 비싼 배추값에 엄두도 못 내고 그냥 쓱쓱 썰어서 평소대로 막 버무린 김치를 담그고 동치미를 담갔을 뿐이다.

우리 식구야 아무래도 괜찮지만 명절에 찾아오는 남편 회사의 직원들에게 흉이라도 될까 봐 걱정이다. 동료 직원인 A 씨네는 음식이 깔끔하고 고급스럽다는데 솜씨 없는 아내를 가진 남편에게 미안한 마음이 앞선다.

올해에는 송편을 빚지 말아야겠다고 마음을 다진다.

작년 추석만 해도 떡쌀을 빻으러 방앗간에 갔었다. 방앗간이 한산했다. 내가 어렸을 때에는 명절이 되면 방앗간 앞에 사람들이 길게 줄을 서서 지루하게 차례를 기다려야 했건만 언제부터인지 방앗간이 한산하다.

작년에는 해콩, 밤, 대추 등 송편 소를 만들어 아이들과 같이 앉아 송편을 빚었다. 솔잎에 푹 쪄 낸 말랑한 송편은 겨우 한 접시를 비워 냈을 뿐인데 아이들은 송편을 물린다. 서양식 케이크에 길들인 입맛이 떡을 외면한다.

애쓰고 빚어서 쪄 낸 송편은 며칠을 굴러다니다가 냉동실

에 넣어졌다. 1년이 다 되도록 귀양살이를 한 송편은 얼마
전 냉장고 정리를 하다가 발견되었다. 혼자 먹으려 해도 지
겨울 것을 마침 아파트 마당에 나와 앉았던 이웃 부인들과
쪄서 함께 나누어 먹었다.

이번에는 작년과 같은 낭비를 안 하리라고 요량을 다진다.
몇천 원어치 사 먹으면 될 일을 몇만 원 들여서 재료를 장만
하고, 애쓰고 빚어서 해마다 퇴박받는 송편 생각을 하니 억
울한 기분까지 드는 것이다.

시장에 들러 장을 보고 떡집 앞에 서니 사람들이 붐빈다.

안에서는 떡을 계속해서 쪄 내는 모양인데 밀려드는 손님
을 미처 감당해내지 못한다. 명절에 방앗간이 한산하고 떡
만드는 집이 붐비다니 내가 어렸을 때는 감히 상상도 못할
일이었다. 앞으로는 송편 빚기마저도 구시대의 유물처럼 사
라질지도 모를 일이라는 생각이 들었다.

이웃집 할머니는 차례 상에 올릴 송편을 정성스럽게 빚어
야지 사다가 쓴다는 것은 조상에 대한 불효라는 생각이 들
기도 하고 아이들에게도 전통 음식인 송편 빚기를 가르쳐야
될게 아니냐고 말씀하신다. 그래서 신·구세대 간의 갈등은
송편 빚기에서도 예외가 아니다.

남편은 추석이 되기 전에 벌초를 하겠다며 고향엘 다녀왔
다. 고향에서 가져온 둥근 호박이 가을을 실감나게 한다.

추석 아침에는 큰댁에 갔다. 오랫동안에 못 보았던 가족들이 아침상을 받고 서로 싱글벙글이다. 한참 만에 보는 큰집 손자 녀석은 키가 훌쩍 커지고 목소리마저 걸걸해졌다.

아침상을 물린 후 윷놀이가 벌어졌다. 조카네까지 합쳐 5쌍의 부부가 어울려 벌이는 윷판은 아슬아슬하면서도 재미있다. 우리 부부는 일진이 좋았는지 계속해서 앞서 나갔다. 신이 나서 말판을 다 나려는 순간에 둘째 조카 부부에게 잡아 먹혀 도로 원점으로 오고 말았다. 우리 부부가 윷이나 모를 놓을 때는 신이 나더니만 남이 놓으니까 영 속이 쓰리다. 모나 윷을 놓으면 한 번 더 놓기 마련인 법칙까지도 억울하다. 가진 자가 더욱 가지게 되는 아이러니. 윷판에서도 인생은 살아 있다. 처음에 승승장구해서 1, 2등을 하게 될 줄 알았는데 겨우 꼴찌만 면하였다. 그러기에 길고 짧은 것은 대 보아야 안다던가.

성묘를 가기 위해 자동차에 시동을 걸고 식구들과 길을 나섰다. 차창에서 들어오는 바람은 머리칼을 성긴 빗으로 빗겨주듯 쓸어 올려 준다.

갈대가 흔들리는 산길을 따라 올라가는데 아이들의 조잘거림이 갈대숲과 어울려 계절의 정취를 흠씬 토해 낸다. 나는 눈을 가늘게 뜨고 심호흡을 하며 가을 하늘을 올려다보았다. 금싸라기 같은 햇빛은 길 위에 부서지며 내려와 앉고 가을 하늘은 쨍 소리가 나도록 맑다.

우리는 가을의 한가운데에 서 있다.

김묘진 ─────────────────────────────────

인천에서 출생했으며 계간 자유문학을 통해 등단했다. 동국대학교 문예
대학원에서 문학석사학위를 받았으며 한국문인협회인천광역시지회 사무
국장을 역임했다. 현재 한국산업인력공단에서 중국동포 취업연수생에게
'한국문화의 이해'를 강의하고 있다.

저서로 노내기의 꿈(양서원. 2001), 샨티샨티 김묘진의 인도기행(열린
나무. 2006-한국문화예술위원회 선정 우수문학도서)이 있으며 다수의 共
著가 있다.

밥 한술 걸쳐 놓고

초판인쇄 | 2008년 12월 31일
초판발행 | 2008년 12월 31일

지은이 | 김묘진
펴낸이 | 채종준
펴낸곳 | 한국학술정보㈜
주 소 | 경기도 파주시 교하읍 문발리 513-5 파주출판문화정보산업단지
전 화 | 031) 908-3181(대표)
팩 스 | 031) 908-3189
홈페이지 | http://www.kstudy.com
E-mail | 출판사업부 publish@kstudy.com

등 록 |
가 격 20,000

ISBN 978-89-534-1267-5 93040 (Paper Book)
       978-89-534-1295-8 98040 (e-Book)

〈이 책은 인천광역시 남동구 문화예술진흥기금에서 사업비의 일부를 지원 받았습니다.〉